MODERNA ORGANIZAÇÃO DA EDUCAÇÃO FÍSICA E DESPORTOS

Dados Internacionais de Catalogação na Publicação (CIP)
(Câmara Brasileira do Livro, SP , Brasil)

Capinussú,José Mauricio.
Moderna organização da educação física e desportos / José Mauricio Capinussú; edição orientada pelos professores Manoel José GomesTubino, Cláudio de Macedo Reis. — SãoPaulo: IBRASA, 1992.— (Biblioteca educação física e desportos; V.18)

Vários autores.
1.Educação fisica - Administração 2. Educação física - Filosofia 3. Esportes - Organização e administração I. Tubino, Manuel José Gomes,1939 - II. Reis, Cláudio de Macedo, 1933 - III. Título. IV. Série.

91-2424 CDD-658.91796
-613.701

Índices para catálogo sistemático:

1 . Administração do esporte 658.91796
2. Educação física: Esporte: Administração 658.91796
3. Educação física: Filosofia 613.701
4. Esportes: Administração 658.91796

MODERNA ORGANIZAÇÃO DA EDUCAÇÃO FÍSICA E DESPORTOS

JOSÉ MAURÍCIO CAPINUSSÚ

Edição orientada
pelos professores
Manoel José Gomes Tubino
Cláudio de Macedo Reis

IBRASA
LIVROS QUE CONSTROEM

INSTITUIÇÃO BRASILEIRA DE DIFUSÃO CULTURAL LTDA.

SÃO PAULO / 2017

Direitos desta edição reservados à

IBRASA
INSTITUIÇÃO BRASILEIRA DE DIFUSÃO CULTURAL LTDA.

Rua Ouvidor Peleja, 610
Tel/Fax: (0xx11) 3791.9696
e-mail: ibrasa@ibrasa.com.br
home page: www.ibrasa.com.br

Capa de
CARLOS CEZAR

Publicado em 1993
IMPRESSO NO BRASIL — PRINTED IN BRAZIL

Um carinho especial para
Neide, minha mulher, e Mônica,
minha jovem filha.

Agradecimentos aos amigos, brilhantes
e incansáveis batalhadores da nobre causa
físico-desportiva, pela ajuda que prestaram
para a confecção deste trabalho:

A. Dardeau de Carvalho
André Gustavo Richer
Anísio da Silva Rocha
Antônio Coelho
Carlos Osório de Almeida
Haylton da Conceição
Lamartine Pereira da Costa
Manoel José Gomes Tubino
Raul Gastão Hecksher
Sérgio Bastos Moreira

O AUTOR

JOSÉ MAURÍCIO CAPINUSSÚ — Mestre em Comunicação pela Universidade Federal do Rio de Janeiro (UFRJ). Licenciado em Educação Física pela UFRJ. Bacharel em Jornalismo pela Universidade do Brasil. Especializado em Administração Desportiva pela Academia de Direção e Administração da Federação Alemã de Desportos. Especializado em O & M pela Fundação Getúlio Vargas. Professor de Organização da Educação Física e Desportos dos Cursos de Graduação em Educação Física da UFRJ e da Universidade Gama Filho. Professor do Curso de Mestrado em Educação Física na UFRJ. Professor dos Cursos de Especialização em Medicina Desportiva da Pontifícia Universidade Católica do Rio de Janeiro e da Escola de Educação Física do Exército. Assessor de Comunicação do Comitê Olímpico Brasileiro.

SUMÁRIO

PREFÁCIO

Em 1979, José Maurício Capinussú, com sua obra *Teoria Organizacional da Educação Física e Desportos*, rompia com a abordagem tradicional emprestada pelos livros brasileiros de educação física aos temas ligados à administração.

Em 1991, o autor nos apresenta, segundo suas próprias palavras, uma versão atualizada daquele livro. Entretanto, a leitura que fiz da obra. *Moderna Organização da Educação Física e Desportos*, não me permitiu considerá-la meramente uma versão atualizada. Ela constitui, sem dúvida, uma nova contribuição do autor ao campo da administração desportiva.

Não passaram desapercebidas nesse livro as grandes transformações ocorridas em âmbito internacional, como o desmembramento do bloco do leste europeu e a unificação do bloco ocidental através da ideia de uma Comunidade Econômica Européia. Essas transformações, obviamente, tiveram consequências na estrutura internacional do desporto. O livro apresenta como exemplos o apoio que o Comitê Olímpico Internacional hoje tem do Conselho da Europa e o desenvolvimento das organizações transnacionais de educação física — FIEP, ICHPER, AIEPSGW, AIESEP e outras.

As repercussões, nos campos da educação física e dos desportos, das mudanças efetuadas pelo governo brasileiro empossado em 1990 foram ainda mais profundamente exploradas pelo autor. É possível constatar pela leitura que a educação física no Brasil foi estrategicamente imobilizada pelo atual governo. A extinção da Secretaria de Educação Física e Desportos (SEED) do Ministério da

Educação e a manutenção do Decreto nº 69.450/71 regulamentando a educação física são duas das evidências que o autor apresenta em sua argumentação.

Em contrapartida, pode-se concluir da leitura que o desporto tem recebido tratamento diferenciado por parte do atual governo brasileiro. Através da obra o leitor pode entrar em contato com a atual organização dos desportos no Brasil. Os dispositivos da Constituição da República Federativa do Brasil (1988) que, direta ou indiretamente, se vinculam ao desporto, à estrutura da Secretaria dos Desportos da Presidência da República e à divisão setorial (desporto comunitário; desporto classista; desporto educacional; desporto militar) do desporto no Brasil são amplamente divulgados.

Considero, pois, a obra Moderna *Organização da Educação Física e Desportos*, de José Maurício Capinussú, fundamental a todos os estudantes ou profissionais de educação física, independentemente de estarem especificamente interessados ou não na problemática da administração desportiva.

Por outro lado, o currículo acadêmico do professor José Maurício Capinussú no campo da administração desportiva é, por si só, uma garantia da qualidade técnica da obra. A comunidade de profissionais de educação física certamente saberá prestigiar a iniciativa da Editora IBRASA de publicar a obra desse autor.

Alfredo G. de Faria Júnior
Professor Adjunto Doutor da UERJ

APRESENTAÇÃO

As profundas modificações processadas na estrutura da educação física e do desporto no Brasil e no mundo, nos últimos dez anos, ensejaram-nos a produção deste trabalho, que vem a ser uma atualização e uma completa reformulação de uma obra anterior, editada em 1979, denominada *Teoria Organizacional da Educação Física e Desportos.*

No campo da organização e da administração, as alterações experimentadas pelo desporto foram mais significativas do que as observadas na educação física.

Em âmbito internacional, o Comitê Olímpico Internacional passou a ter o apoio de importantes organizações como o Conselho da Europa e outras entidades poli institucionais.

Em âmbito doméstico, o CND integrou-se no papel de coadjuvante da nova Secretaria de Desportos da Presidência da República, cogitando-se de mais uma reformulação baseada num anteprojeto elaborado pela comunidade desportiva e que a essa altura deve estar tramitando no Congresso Nacional.

Quanto à organização da educação física, se progrediu internacionalmente, dentro do país sofreu uma regressão, com a extinção da SEED/MEC que, à exceção do seu último titular, durante muitos anos serviu de cabide para premiar políticos rejeitados pelo voto popular e apadrinhados de ministros da Educação, cuja competência era bastante duvidosa.

Com base em detalhadas informações, ampliamos e enriquecemos, neste trabalho, o capítulo inicial sobre administração;

estabelecemos uma abrangente classificação dos desportos e incluímos substanciais elementos sobre competições continentais, além de um anexo em que relacionamos a nova Constituição com a prática desportiva.

Esperamos, desta forma, ter atingido nosso objetivo de dotar os professores e os estudantes de educação física de um trabalho bastante amplo, principalmente porque neste período de 12 anos, correspondente à publicação de *Teoria Organizacional da Educação Física e Desportos* e ao atual lançamento, não soubemos de nenhuma obra similar capaz de realmente valorizar a área desportiva no que concerne ao aspecto organizacional-administrativo.

A bibliografia sobre o assunto continua pobre, mas nossa luta para enriquecê-la permanece viva.

O Autor

ADMINISTRAÇÃO: Conceitos Princípios gerais

Embora o assunto central de nosso trabalho seja a organização da educação física e dos desportos, cabe-nos fazer uma introdução sobre administração, ciência intimamente ligada à organização.

Sendo assim, sob um prisma de síntese, administração pode ser conceituada como uma tarefa que possibilita alcançar os objetivos previamente definidos com maior eficiência, ou seja, com menor dificuldade e maior rapidez.

Até que a administração fosse considerada tarefa especializada, o administrador era aquele indivíduo que revelava intuição ou manifestava pendor natural para o desempenho da tarefa de coordenação de atividades. A administração era, então, considerada uma arte.

Presentemente, a administração é um desempenho especializado de funções complexas, que não pode ser relegado à simples intuição ou ao acaso. A administração deve ser encarada de forma científica, baseando-se na capacidade adquirida de administrar, em conhecimentos especializados de administração e na aplicação sistemática de conhecimentos administrativos.

Partindo do princípio de que a empresa é um sistema organizado e que, em decorrência da complexidade e da dimensão das empresas modernas, a coordenação de atividades, ou seja, a administração passou a ser uma atividade especializada, chega-se à conclusão de que os administradores, para exercer a coordenação das atividades da empresa, devem adquirir conhecimentos amplos sobre as funções tipicamente administrativas. Essas funções podem ser classificadas em planejamento, organização, direção e controle, que atuam também como "princípios gerais de administração".

Planejamento, segundo Pereira da Costa, pode ser conceituado como a determinação antecipada de ações necessárias ao sucesso de uma tarefa. O mesmo autor expressa uma outra definição: "processo através do qual nos adaptamos às mudanças e reduzimos as incertezas".

Por outro lado, Octávio Teixeira, em um trabalho feito para a Secretaria de Educação Física e Desportos do MEC (1985), define planejamento como "um processo mental, intelectual e agregativo onde, basicamente, diagnosticamos uma situação existente, um problema, uma carência, e estabelecemos objetivos a atingir e o modo como os alcançaremos".

No planejamento podemos estabelecer dois tipos de planos: planos-fins e planos-meios. Os planos-fins compreendem os objetivos, valores a serem alcançados pela empresa como um todo e em cada uma de suas unidades, e as metas, representadas por objetivos definidos nas dimensões de tempo, espaço e quantidade. Por exemplo: numa academia eclética, isto é, que oferece vários serviços, a meta fixada para o setor de natação é a seguinte: "ao final de seis meses, as duas piscinas da instituição deverão funcionar 60 horas/semana (12 horas/dia), atendendo a 240 praticantes/dia, 1.200/semana e 4.800/mês".

Quanto aos planos-meios, são as políticas ou diretrizes adotadas pela empresa, representadas por uma série de planos que fornecem sentido geral para a ação na instituição em seu todo e em cada uma de suas unidades. Esses planos são executados através de procedimentos, rotinas ou métodos prefixados.

O princípio da organização, de acordo com a definição proposta por Pereira da Costa, é a agregação de recursos no tempo e no espaço, para ações integradas e orientadas no sentido do alcance dos objetivos. É o processo através do qual definimos tarefas, relacionamentos e metas. De sua parte, Jucius e Schlender conceituam como a função administrativa de juntar os vários fatores e recursos necessários à execução de planos.

A organização compreende a construção da estrutura de recursos e de operações da empresa. Os recursos se referem obtenção de meios humanos e materiais ligados à produção, além dos recursos financeiros. A estrutura de operações representa a divisão do trabalho em tarefas e sua distribuição por unidades da instituição, atendendo a determinados critérios. Esta providência implica na definição de autoridade e responsabilidade, ou seja, da hierarquia de posições na empresa.

O princípio da direção, para Teixeira, define-se "como a ação de liderança sobre um grupo de pessoas ou uma equipe, definindo objetivos, traçando os cursos de ação ou a forma de atingi-los e fixando diretrizes orientadoras para os agentes executores".

A direção se conduz através da transmissão de planos, mediante instruções ou ordens, e motivação para a ação. As instruções ou as ordens podem ser transmitidas por escrito ou via oral. No primeiro caso, tal procedimento ocorre quando há complexidade na orientação e necessidade de precisão no cumprimento da ação proposta.

O controle, segundo Pereira da Costa, é o processo através do qual medimos desempenhos, reformulando-os sucessivamente em busca dos objetivos. Para Loen, é a "medição do progresso com relação a objetivos, avaliando o que precisa ser feito e então tomando a medida corretiva para realizar ou superar objetivos".

Jucius e Schlender dividem as atividades de controle em três estágios:

1. Controle preliminar: controle antes que sejam desempenhadas as atividades a serem controladas;

2. Controle concorrente: controle durante o desempenho das atividades a serem controladas;

3. Pós-controle: controle depois do desempenho real das atividades a serem controladas.

O controle representa a avaliação dos resultados em relação às previsões constantes dos planos, e a correção dos desvios, mediante proposta de ação específica.

Reorganização

Quando se cogita da implantação de um serviço, devemos considerar dois fatores distintos: se vamos partir da organização pura e simples ou se vamos tratar de sua reorganização.

Os casos de organização apresentam apenas um sério obstáculo: da exequibilidade ou não do plano elaborado em obediência rigorosa aos princípios normativos e técnicos. Os de reorganização, porém, são bem mais complexos e delicados: exigem uma série de medidas preliminares não só de ordem material, mas também de teor psicológico e moral, até atingirmos a aplicação daqueles princípios.

Na organização, menores são as dificuldades que surgem: elabora-se o plano, obtêm-se os meios, executa-se o planejamento e controlam-se os resultados.

Já na reorganização, a elaboração do plano deve ser precedida de um levantamento analítico, para que haja pleno conhecimento da situação existente; em seguida, elabora-se o plano, adaptando a ele os elementos existentes e obtendo o necessário para sua execução. Parte-se, então, para a implantação do plano, o ponto prático por excelência de uma reorganização, pois nele estão em jogo três elementos distintos: quem implanta, o novo plano e o serviço com a organização anterior. Finalmente, simultânea e imediatamente à implantação, procede-se ao controle dos resultados para aperfeiçoamento do plano, objetivando corrigir as imperfeições surgidas, quer na parte estrutural, quer na funcional.

Como problema administrativo, a reorganização é mais complexa do que a organização, pois, enquanto esta cria, aquela transforma.

Organizar significa criar a estrutura; reorganizar diz respeito a modificar a estrutura, e administrar significa funcionalizá-la.

Linhas Administrativas

Três tipos mais comuns servem de base à sistemática da organização: linha de autoridade, linha departamental e linha de especialistas.

A linha de autoridade é mais comum nas organizações militares, fundamentando-se num processo de disciplina rígida, que reserva à autoridade suprema um poder absoluto. A transmissão de ordens é feita através da escala hierárquica, podendo ou não haver delegação de autoridade. Os chefes hierarquicamente nivelados não se entendem diretamente, não se instruem e nem se ordenam mutuamente. Essa rigidez, segundo Fayol, pode causar graves prejuízos à produção.

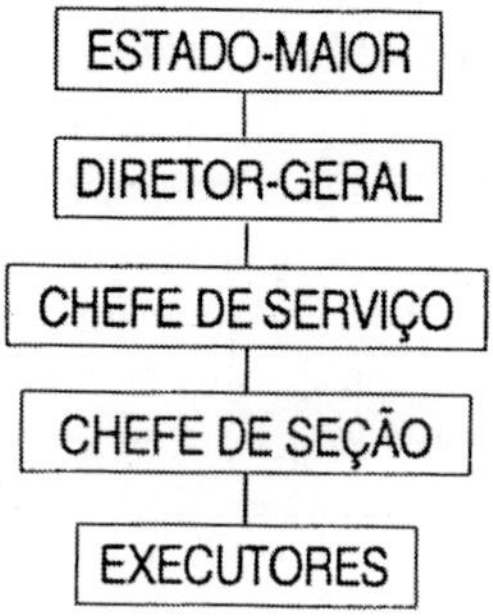

No tipo linha departamental, cada uma das divisões ou grupo da organização executa atividades essencialmente diferentes, oportunidade em que a função da empresa é dividida em unidades distintas, cada uma delas se constituindo num departamento operatório separado, ou compartimentos estanques.

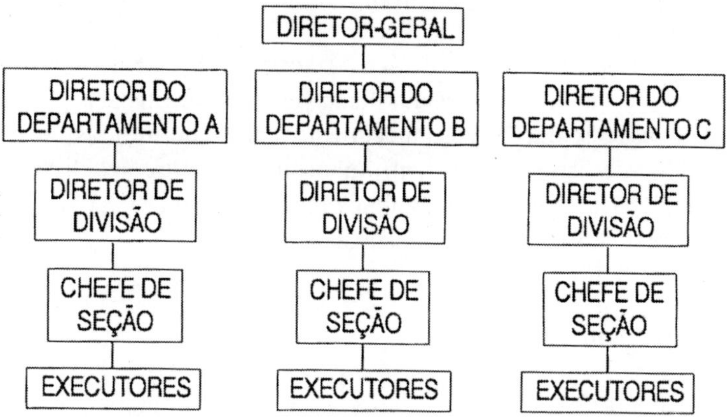

Este tipo de organização melhor se presta à fixação das responsabilidades e ao estabelecimento da disciplina, apresentando, ainda, como vantagem, o fato de determinar de modo indiscutível a autoridade suprema e o chefe imediato, impedindo a dualidade ou pluralidade de ordens. Entre as desvantagens situam-se a dificuldade em grupar as atividades que constituem as diversas unidades de linha; a pouca importância que é dada à especialização; o pequeno aproveitamento dos benefícios proporcionados pela divisão do trabalho; a dificuldade para escolher um dirigente que satisfaça plenamente, isto é, que conheça todos os trabalhos afetos à instituição; e a centralização excessiva de tudo na pessoa da autoridade suprema.

Finalmente, a linha de especialistas atende a todos os requisitos da administração como ciência dentro da mais moderna tecnologia devido a um imperativo contemporâneo: a especialização.

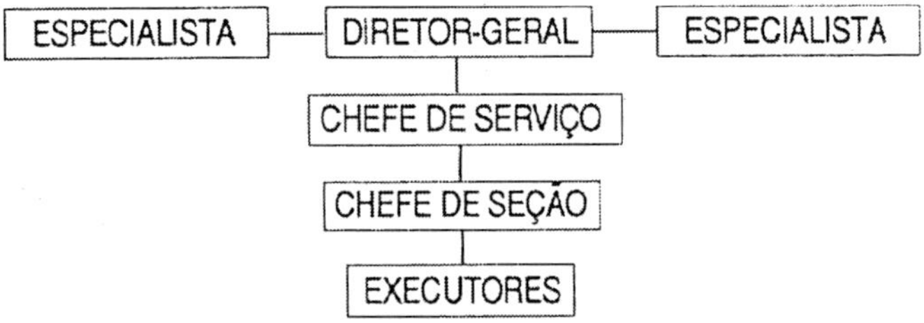

Os especialistas funcionam como conselheiros, informantes, consultores ou supervisores.

A vantagem deste tipo de organização reside no fato de que a autoridade maior pode ser auxiliada pelos especialistas, que lhe suprem as deficiências de conhecimento técnico ou administrativo; não há interdependência nem subordinação entre os diversos especialistas; a autoridade é a única receptora e coordenadora dos pareceres e dos conselhos dos especialistas.

Organograma

Define-se "organograma" como representação gráfica de uma estrutura. Segundo Pereira da Costa, o organograma é representado por um conjunto de retângulos — onde são comunicados os cargos administrativos — e de linhas, através dos quais são relacionados os fluxos de autoridade da organização.

Constituindo-se uma espécie de mapa da instituição, o organograma deve expressar com absoluta clareza a estrutura de poder, a delegação de autoridade e a divisão do trabalho implantado numa entidade.

Há também o organograma representado em forma circular, às vezes em cores. Trata-se de um design mais complexo que a nosso ver apresenta uma única vantagem sobre a representação em forma retangular: pode comportar um maior número de unidades administrativas, cada uma colocada no interior de cada círculo e representada por convenções codificadas em números ou em letras. Este sistema pode também ser adotado na designação dos cargos e funções constantes de um organograma confeccionado na forma retangular.

Forma retangular

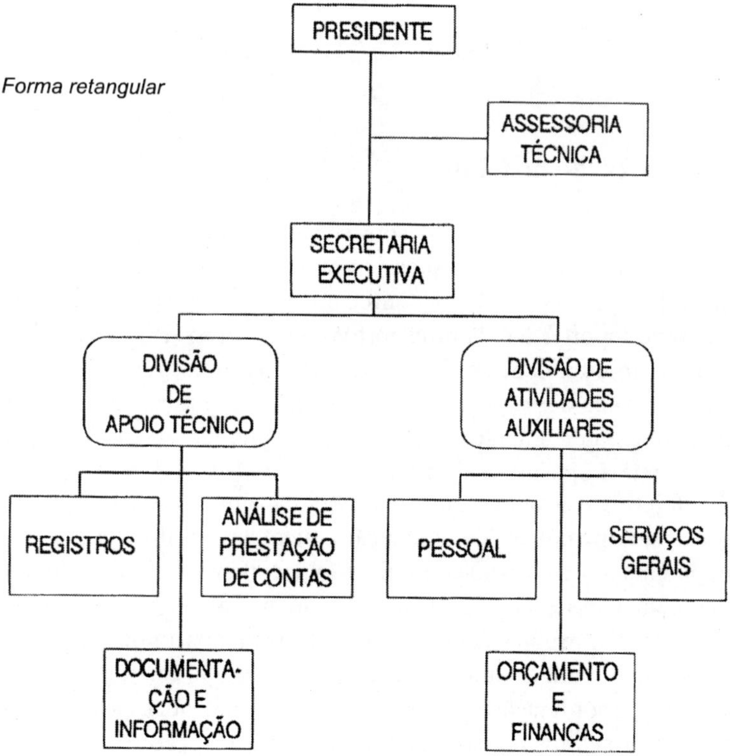

Forma circular

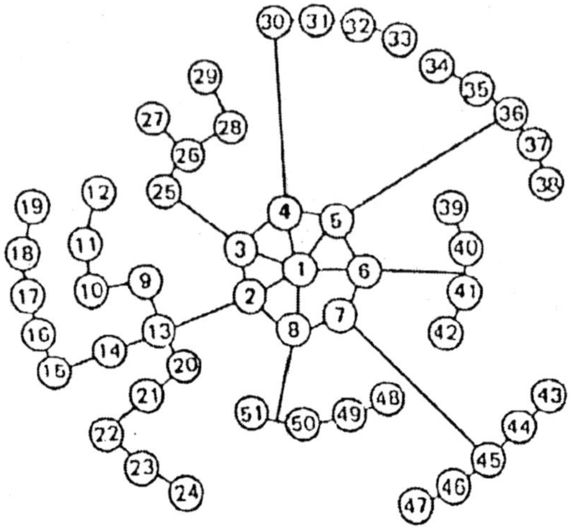

Comunicação no Clube

Na atual administração desportiva brasileira, a comunicação é um dos setores mais deficientes dentro de qualquer instituição, seja em clube, liga, federação ou confederação. Durante nossa militância como repórter e redator esportivo no decorrer de alguns anos, tivemos oportunidade de observar como as entidades acima citadas cuidam pouco desse problema, o que redunda muitas vezes numa imagem completamente distorcida para o público, seja no aspecto puramente desportivo, seja no social.

Objetivando minimizar este problema, sugerimos a criação de um departamento de comunicação social ou de divulgação, ou ainda uma assessoria de comunicação social ou de divulgação, ou ainda uma assessoria de comunicação social ou assessoria de divulgação. A rotulação do setor é de somenos importância. O principal é atingir os objetivos a que se propõe. No caso do departamento, a subordinação seria direta à superintendência, assim como os demais setores departamentalizados. Se a opção for por uma assessoria, esta poderia ficar diretamente ligada à vice-presidência.

Em qualquer situação o setor seria chefiado por um jornalista profissional, devidamente credenciado para falar em nome da instituição. Além dele, apenas o presidente e o vice-presidente usufruiriam desta regalia. Desta forma acabam-se as entrevistas de diretor social, supervisor, diretores de esportes amadores, médicos, técnicos etc. Quando houver necessidade de esclarecer um fato de capital importância, então haverá uma entrevista coletiva, seja do diretor social para anunciar a política de promoções do clube; do supervisor de desporto profissional ou do supervisor de desportos amadores.

Com a criação da assessoria de divulgação — optamos por esta denominação — acabam-se as declarações nem sempre oportunas do técnico de futebol, do médico ou diretor social, para dizer que o seu clube foi prejudicado num jogo ou no julgamento de um concurso de misses. Evita-se o culto à personalidade do dirigente esportivo e as nem sempre oportunas investidas do repórter esportivo sobre o técnico ou médico para saber se o time vai ganhar o jogo e se o jogador fulano tem condições de entrar em campo.

Qualquer assunto que precise ser divulgado deve passar pela assessoria de divulgação, saia da presidência, da superintendência, da gerência, da supervisão desportiva (profissional ou amadora), do departamento médico, social ou financeiro. Uma vez filtrado pelo assessor de divulgação, estará em condições de ser anunciado.

A divulgação numa entidade esportiva pode ser interna ou externa. Interna, quando se referir à confecção de quadros de avisos, redação de circulares ou à edição de uma revista do clube. Externa, quando se ligar à divulgação do setor social (festas, comemorações), esportivo amador e esportivo profissional.

Quadro de Avisos

Um quadro de avisos deve observar um detalhe de proverbial importância para justificar sua colocação: o local onde for afixado. Normalmente, escolhe-se um lugar em que os frequentadores do clube, sócios ou não, tenham passagem obrigatória e possam parar para tomar conhecimento do que existe ali; um lugar coberto, livre das intempéries meteorológicas e que não atrapalhe o trânsito dos que por ali passam e não precisam consultar o quadro. Deve ser um lugar amplo e bem iluminado, seja pela luz natural ou artificial. De preferência, o quadro de avisos deve ter fundo escuro, de madeira perfeitamente perfurável e coberta com feltro, onde os cartazes ou circulares possam ser afixados com facilidade; deve ter um vidro ou acrílico, na frente, dotado de iluminação fluorescente, visando evitar aquecimento.

A redação das circulares e dos cartazes deve ser fácil e sintética, para não obrigar o sócio a perder muito tempo procurando decifrar o que o clube tenta comunicar ali. Os cartazes devem estabelecer bom contraste de cores com o feltro do quadro, contendo em primeiro lugar o nome da atividade, seguindo-se os dias (ou dia), hora, nome do responsável e qualquer outra informação necessária.

MODELOS:

JUDÔ

2ª, 4ª, 6ª
Prof. Tanakara
Inscrições na Superintendência

"UMA NOITE PORTUGUESA"

Amália Rodrigues cantando.
Raul Soinado contando...
anedotas
6ª feira, dia 26 — às 23 horas
Informações na Gerência.

A redação das circulares, além de fácil e sintética, deve ser pitoresca. A entrega ao responsável pela sua colocação no quadro deve ser feita de modo rápido, para que o assunto não fique superado.

Por exemplo, queremos comunicar o seguinte fato:

> "Prezado sócio.
> Durante o período dedicado aos festejos de Momo, quando a animação é grande e os riscos maiores, a

isso evitar problemas que repercutam negativamente sobre o bom nome do nosso clube."

A Gerência

Esta é a forma mais contra-indicada de se fazer uma comunicação. Muitas palavras desnecessárias e muito comentário inconsequente.

A forma mais correta de se fazer a comunicação seria esta:

"Aos sócios:

Durante o período de carnaval não será permitido acesso à piscina."

A Gerência

ou ainda

"Durante o período de carnaval não será permitido o uso da piscina."

Com apenas uma frase dissemos tudo anteriormente redigido em mais de cinco frases. Nunca é demais lembrarmos a máxima de Boileau-Despréau, crítico francês: "Antes de escrever aprenda a pensar", ou de John Dryden, crítico inglês: "Aprenda a escrever bem ou nunca escreva nada."

Funcionamento da Assessoria

O funcionamento efetivo da assessoria de divulgação deve ser nos dias de treino das equipes de futebol, nos dias de jogos de futebol em que a equipe se faça representar, nos dias de atividades de desportos amadores de real importância, nos dias das atividades sociais e no dia a dia do funcionamento do clube.

Durante os treinamentos das equipes de futebol do clube, o assessor de divulgação deverá estar atento para, ao final dos trabalhos, distribuir para os repórteres esportivos presentes uma pequena história do treino, contendo tempo de duração, resultado e equipes (se o treino for de conjunto), jogadores contundidos e escalação provável para o dia do jogo. Para isso deverá manter estrito relacionamento com supervisor, médico e técnico. Se necessário, promoverá uma pequena entrevista coletiva do técnico ou do supervisor, que serão proibidos de conceder entrevistas individuais em dias de treinos ou de jogos. Desta forma, evita-se o inconveniente procedimento de alguns repórteres que invadem o campo e os vestiários para entrevistar técnicos e jogadores, expulsos de campo ou durante a recuperação numa banheira térmica, depois de grande desgaste num treinamento ou num jogo.

Após um jogo, o assessor de divulgação deve informar aos repórteres o que mais lhes interessa: o dia da reapresentação dos jogadores, os próximos treinamentos, o valor da gratificação e os jogadores contundidos. Nada mais interessa. Saber por que o time perdeu ou deixou de ganhar é supérfluo, porque, ao final de tudo, os motivos são sempre os mesmos: "jogamos melhor, mas fomos roubados pelo juiz", "ganharíamos o jogo, se o jogador 'x' não se tivesse machucado ou não tivesse falhado naquele lance", "as instruções do técnico não foram seguidas à risca", "demos azar".

Se o time de futebol viaja, o que também é válido para qualquer equipe de desporto amador, o assessor de divulgação deve integrar a delegação ou mandar um assistente, objetivando informar à imprensa do lugar para onde a equipe se dirige.

Por falta de critério mais definido, aconteceu certa vez um inconsequente manifesto de jogadores da seleção brasileira, numa excursão à África e á Europa. Se houvesse um assessor de divulgação junto à chefia da delegação, os jogadores não teriam agido assim.

Durante as atividades amadoras de capital importância — campeonatos de natação, voleibol, basquetebol, tênis, pólo aquático etc. —, o assessor de divulgação será sempre o porta-voz do pensamento do técnico ou do diretor. Nos dias de atividades sociais, se necessário, auxiliará o diretor social no cumprimento da promoção ora em curso.

No dia-a-dia do clube, o assessor de divulgação comandará seu pessoal e tomará conhecimento de tudo que está para acontecer e que deve ser divulgado pelo clube. Um artista de renome que se vá apresentar na boate semanal que o clube oferece aos sócios; uma equipe de basquete estrangeira que está para chegar e jogará com a equipe do clube; um jogador que está para ser contratado; uma circular que precisa de uma revisão na parte redacional para ser divulgada; a revista do clube que precisa ser acionada e outros assuntos referentes á sua função.

Meios

Para que seu trabalho possa tomar-se profícuo, a assessoria de divulgação deve contar com o seguinte efetivo humano: um jornalista profissional, versado em assuntos esportivos (note-se bem, assuntos esportivos não é só futebol); um estudante de comunicação, que funcionará como estagiário remunerado; um fotógrafo que poderá ser *free-lancer*, isto é, não precisará ser contratado do clube, funcionando apenas nos dias em que for convocado; um(a) datilógrafo(a), que também exercerá as funções de secretário(a) da "assessoria; um funcionário que opere com máquinas xerox, mimeógrafo e atue também como arquivista, além de um estafeta para trabalhos internos e externos.

Como meios materiais, a assessoria deve funcionar numa sala espaçosa, dotada de no mínimo duas máquinas de escrever, sendo uma elétrica; uma máquina copiadora (tipo xerox) de tamanho pequeno; uma máquina duplicadora (tipo mimeógrafo); móveis; dois telefones (intemo/externo); e um minilaboratório fotográfico, para serviços de emergência. Também deve haver uma sala anexa, dotada de mesa, cadeiras e geladeira, para a realização de entrevistas coletivas, além de um banheiro com instalações masculinas e femininas.

Sabemos perfeitamente que uma assessoria de divulgação dentro destes moldes será dispendiosa para o clube, que deverá destinar uma verba mensal especialmente para este fim. Entretanto, em administração, tudo que é bem-feito, com bons profissionais e meios materiais condizentes, não pode sair barato. Mas a rentabilidade é indiscutível e os resultados altamente compensadores.

REGULAMENTAÇÃO DA EDUCAÇÃO FÍSICA

A última regulamentação da educação física procede do Decreto nº 69.450, de 1º de novembro de 1971, publicado no *Diário Oficial* de 3 de novembro do mesmo ano. Ele regulamenta o artigo 22 da Lei nº 4.024, de 20 de dezembro de 1961, e a alínea e do artigo 40 da Lei nº 5.540, de 28 de novembro de 1968, e dá outras providências.

O Presidente da República, usando da atribuição que lhe confere o artigo 81, item III, da Constituição e tendo em vista o disposto no artigo 22 da Lei nº 4.024, de 20 de dezembro de 1961, e nas alíneas *b* e *c do* artigo 40 da Lei nº 5.540, de 28 de novembro de 1968, de acordo com a redação dada, respectivamente, pelo Decreto-lei nº 705, de 25 de julho de 1969, e pelo Decreto-lei nº 464, de 11 de fevereiro de 1969, bem como na alínea *b* do artigo 3º do Decreto-lei número 594, de 27 de maio de 1969, e no artigo 7º da Lei nº 5.692, de 11 de agosto de 1971, decreta:

TÍTULO I

Do Relacionamento com a Sistemática da Educação Nacional.

Art. 1º — A educação física, atividade que por seus meios, processos e técnicas, desenvolve e aprimora forças físicas, morais, cívicas, psíquicas e sociais do educando, constitui um dos fatores básicos para a conquista das finalidades da educação nacional.

Art. 2º — A educação física, desportiva e recreativa integrará, como atividade escolar regular, o currículo dos cursos de todos os graus de qualquer sistema de ensino.

TÍTULO II

Art. 3º — A educação física, desportiva e recreativa escolar, segundo seus objetivos, caracterizar-se-á:

I — No ensino primário, por atividades físicas de caráter recreativo, de preferência as que favoreçam a consolidação de hábitos higiênicos, o desenvolvimento corporal e mental harmônico, a melhoria da aptidão física, o despertar do espírito comunitário, da criatividade, do senso moral e cívico, além de outras que concorram para completar a formação integral da personalidade.

II — No ensino médio, por atividades que contribuam para o aprimoramento e aproveitamento integrado de todas as potencialidades físicas, morais e psíquicas do indivíduo, possibilitando-lhe, pelo emprego útil do tempo de lazer, uma perfeita sociabilidade, a conservação da saúde, o fortalecimento da vontade, a aquisição de novas habilidades, o estímulo às tendências de liderança e implantação de hábitos sadios.

III — No nível superior, em prosseguimento à iniciada nos graus precedentes, por práticas, com predominância, de natureza desportiva, preferentemente as que conduzam à manutenção e aprimoramento da aptidão física, à conservação da saúde, à integração do estudante no "campus" universitário, à consolidação do sentimento comunitário e de nacionalidade.

§ 1º — A aptidão física constitui a referência fundamental para orientar o planejamento, controle e avaliação da educação física, desportiva e recreativa, no nível dos estabelecimentos de ensino.

§ 2º — A partir da quinta série de escolarização, deverá ser incluída na programação de atividades a iniciação desportiva.

§ 3º — Nos cursos noturnos do ensino primário e médio, a orientação das atividades físicas será análoga à do ensino superior.

TÍTULO III

Dos Currículos

Art. 4º — A adequação curricular aos objetivos a serem alcançados em cada unidade escolar, ou conjunto de unidades sob direção única, será realizada anualmente por intermédio de um plano, considerando-se os meios disponíveis e as peculiaridades dos educandos

§ 1º — A elaboração e a execução do plano de que trata este artigo serão da responsabilidade do diretor e dos professores de educação física do estabelecimento.

§ 2º — No ensino superior, o corpo discente participará na planificação das atividades por meio de representação da Associação Atlética respectiva.

TÍTULO IV

Da Organização e Funcionamento

CAPÍTULO I

Padrões de Referência

Art. 5º — Os padrões de referência para orientação das normas regimentais da adequação curricular dos estabelecimentos, bem como para o alcance efetivo dos objetivos da educação física, desportiva e recreativa, são situados em:

I — Quanto à sequência e distribuição semanal, três sessões no ensino primário e no médio e duas sessões no ensino superior, evitando-se concentração de atividades em um só dia ou em dias consecutivos.

II — Quanto ao tempo disponível para cada sessão, 50 minutos, não incluindo o período destinado à preparação dos alunos para as atividades.

III — Quanto à composição das turmas, 50 alunos do mesmo sexo, preferencialmente selecionados por nível de aptidão física.

IV — Quanto ao espaço útil, dois metros quadrados de área por aluno, no ensino primário, e três metros quadrados por aluno, no ensino médio e no superior.

CAPÍTULO II

Art. 6º — Em qualquer nível de todos os sistemas de ensino, é facultativa a participação nas atividades físicas programadas:

a) aos alunos do curso noturno que comprovarem, mediante carteira profissional ou funcional, devidamente assinada, exercer emprego remunerado em jornada igual ou superior a seis horas;

b) aos alunos maiores de trinta anos de idade;

c) aos alunos que estiverem prestando serviço militar na tropa;

d) aos alunos amparados pelo Decreto-lei nº 1.044, de 21 de outubro de 1969, mediante laudo médico.

Art. 7º — A realização de qualquer forma de competição desportiva e recreativa não deverá prejudicar as atividades de natureza essencialmente formativa.

Art. 8º — O treinamento desportivo para atender às necessidades profissionais de universitário vinculado a clube poderá, a critério da direção do estabelecimento respectivo, ser considerado válido para cumprimento das exigências legais.

Parágrafo único — A compensação a que se refere o presente artigo não exime o aluno de testes, provas e outros meios de avaliação e controle previstos pela programação do estabelecimento.

Art. 9º — A participação de estudantes de qualquer nível de ensino em competições desportivas oficiais, de âmbito estadual, nacional ou internacional, bem como em suas fases preparatórias, será considerada atividade curricular, regular, para efeito de assiduidade em educação física.

Art. 10 — A Orientação Educacional constituirá alternativa para as ocasiões de impossibilidade de utilização de áreas ao ar livre, sendo atribuição do professor de educação física a abordagem da problemática de saúde, higiene e aptidão física, resguardadas as peculiaridades regionais e dos graus de ensino.

Art. 11 — O Ministério da Educação e Cultura, por intermédio do órgão competente, estabelecerá e divulgará, convenientemente, os testes de aptidão física, com a finalidade de orientar os estabelecimentos e acompanhar a evolução das possibilidades dos recursos humanos nacionais.

Parágrafo único — Os estabelecimentos são responsáveis pelo registro e arquivamento dos resultados dos testes na previsão de posterior solicitação de informações pelos órgãos competentes.

Art. 12 — Os alunos de qualquer nível serão submetidos a exame clínico no início de cada ano letivo e sempre que for julgado necessário pelo médico assistente da instituição, que prescreverá o regime de atividades convenientes, se verificada anormalidade orgânica.

Posteriormente, em setembro de 1977, o Artigo 6º do Capítulo II sofreu a seguinte alteração:

Art. 1º — Será facultativa a prática da educação física em todos os graus e ramos de ensino:

a) ao aluno do curso noturno que comprove mediante carteira profissional ou funcional, devidamente assinada, exercer emprego remunerado em jornada igual ou superior a seis horas;

c) ao aluno que estiver prestando Serviço Militar na tropa;

d) ao aluno amparado pelo Decreto-lei n°1.044, de 21 de outubro de 1969, comprovado por laudo médico;

e) ao aluno de curso de pós-graduação;

f) à aluna que tenha prole.

Parágrafo único — O Poder Executivo poderá estabelecer outras exceções além das previstas no artigo anterior.

Foram incluídos, portanto, os quesitos *e* e *f*.

CAPÍTULO III

Ensino Superior

Art. 13 — A prática da educação física no ensino superior será realizada por meio de clubes universitários, criados segundo modalidades desportivas ou atividades físicas afins, na conformidade das instalações disponíveis, os quais se filiarão à Associação Atlética da respectiva instituição.

§ 1° — Os clubes de que trata este artigo, administrativamente dirigidos pelos estudantes, desenvolverão atividades físicas supervisionadas pelos professores de educação física, por meio das quais os universitários saldarão os créditos a que estiverem obrigados.

§ 2° — Ao matricular-se na universidade ou em escolas isoladas, os universitários filiar-se-ão ao clube ou clubes de sua preferência.

§ 3° — Por deliberação exclusiva dos próprios associados, cada clube poderá instituir laxa módica para melhoria das instalações e desenvolvimento das atividades e representações.

Art. 14 — Nas universidades onde houver escola de educação física, o professor de educação física será assessorado pelos alunos desta, em caráter de prática de ensino; nas demais e nos estabelecimentos isolados, por tantos monitores-universitários quantos julgados necessários.

Art. 15 — Os professores de educação física serão admitidos no ensino superior na forma e categorias previstas no Estatuto do Magistério Superior, a cujo regime ficarão sujeitos.

Art. 16 — O órgão de direção desportiva, pertencente à estrutura administrativa das organizações universitárias, será orientado pela unidade de ensino de Educação Física, quando existente.

§ 1° — A função precípua do órgão de direção desportiva universitário é a de incentivar, além das práticas programadas nos clubes, os campeonatos, torneios, competições de representação e intercâmbio, demonstrações e excursões desportivas de caráter formativo.

§ 22 — Facilitar-se-á a participação do corpo docente do ensino superior nas atividades de programação interna ou externa.

TÍTULO V

Da Implantação

Art. 17 — Os estabelecimentos de ensino, para o exato cumprimento das disposições deste Decreto, deverão assegurar aos alunos do ensino primário e médio assistência médica e odontológica, instalações, equipamento e material necessários à execução do programa.

§ 1º — Enquanto não dispuser de equipamento e material a que se refere este artigo, cada estabelecimento, ou a autoridade competente para o caso, celebrará convênio com clube, associação, corporação militar ou a entidade mais próxima que os possuir.

§ 2º — As instituições de ensino referidas no artigo que, na data da vigência deste decreto, já contarem com os meios materiais exigidos, elaborarão programa de colaboração com as deles carentes, até que estas os possam adquirir, isolada ou conjuntamente.

Art. 18 — Os órgãos oficiais incumbidos da concessão de bolsas de estudo deverão dar prioridade aos alunos de qualquer nível, que se sagrarem campeões desportivos, na área estadual, nacional e internacional, desde que tenham obtido aproveitamento escolar compatível.

Art. 19 — Em todos os estabelecimentos de ensino superior, integrados ou não em universidade, a implantação da educação física, desportiva e recreativa será progressiva, a partir do primeiro ano escolar imediatamente posterior ao início da vigência deste decreto.

Parágrafo único — Não será vedada a participação de universitários cujo ato de primeira matrícula ocorreu anteriormente a esta regulamentação, tanto na elaboração quanto na execução dos programas das atividades por ela reguladas.

Art. 20 — As instituições de ensino superior, quer oficiais quer particulares, aproveitando as facilidades proporcionadas pelo Governo Federal, programarão a construção de instalações e a aquisição do material de educação física por etapas, iniciando pelo que for prioritário e abranja maior número de estudantes, de modo que em seis anos já estejam em condições de desenvolver, de modo pleno, os objetos da presente regulamentação.

TÍTULO VI

Dos Recursos Financeiros

Art. 21 — As verbas federais do setor da educação física escolar, inclusive as provenientes da Loteria Esportiva, deverão ter destinação condicionada a programas e projetos de desenvolvimento com referência aos objetivos e demais exigências da presente regulamentação.

§ 1º — A participação financeira federal nos programas e projetos de educação física escolar será sempre supletiva, sendo obrigatória a celebração de convênios em que constem os objetivos e meios de avaliação dos resultados a alcançar.

§ 2º — Os convênios referidos no parágrafo anterior serão orientados pelos órgãos competentes no sentido do entrosamento e da intercomplementaridade dos estabelecimentos de ensino entre si ou com outras instituições sociais, a fim de aproveitar a capacidade ociosa de uns para suprir deficiências de outros.

Art. 22 — Nenhuma verba destinada a centro de educação física, da Loteria Esportiva ou de outra procedência do Governo Federal, será concedida a instituição oficial de ensino superior que não fizer previsão, anualmente, no orçamento, de recursos para o desenvolvimento do plano de educação física, desportiva e recreativa.

Parágrafo único — A proibição deste artigo estender-se-á a todo estabelecimento particular de ensino superior que não comprovar a destinação dos meios financeiros para o atendimento das exigências legais.

Art. 23 — Este decreto entrará em vigor na data de sua publicação, ficando revogadas as disposições em contrário.

Brasília, 1º de novembro de 1971; 150º da Independência e 83º da República.

Emílio G. Médici
Jarbas G. Passarinho

ORGANIZAÇÕES INTERNACIONAIS DE EDUCAÇÃO FÍSICA

Três entidades, cujo objetivo é possibilitar a união dos professores de educação física dentro de um espírito comum internacional, destacam-se no contexto mundial: a FIEP, o ICHPER e o CIEPS.

A FIEP (Fédération Internationale d'Éducation Physique), agrupando professores dos países nórdicos e latinos, surgiu em 1923, em Bruxelas, com o nome de Federação Internacional de Ginástica Educativa. Trinta anos depois, em 1953, no Congresso Mundial de Istambul, a entidade passou a denominar-se FIEP. Ao passar dos anos, a FIEP organizou numerosos congressos e cursos internacionais, destacando-se o I Congresso Mundial de Educação Física Escolar, realizado na cidade francesa de Estrasburgo, em julho de 1969, reunindo 1.800 congressistas e 750 escolares, representando 39 países.

Atualmente, a FIEP tem a filiação de mais de cem países, um número acima de dois mil membros (associações, escolas, institutos de Educação Física) e mais de vinte mil membros individuais.

Também publica um boletim editado em Madri, nos idiomas espanhol, inglês e francês.

O ICHPER (International Council Health Physic Education and Recreation) nasceu em 1958, quando a Confederação Mundial de Organização das Profissões de Ensino (WCOTPCMOPE) criou o Conselho Internacional de Saúde, Educação Física e Recreação, devido à constante preocupação em tomo dos problemas de saúde infantil e higiene escolar. O ICHPER procura congregar as organizações nacionais de professores de educação física e desportos (associações profissionais ou de sindicatos não sujeitos á direção governamental); universidades, institutos e escolas que formem ou contribuam para a formação de especialistas; professores isolados que desejam aperfeiçoar-se através de contatos internacionais e associações internacionais de objetivos semelhantes. No ICHPER, o presidente e o vice só podem ser reeleitos uma vez, com um mandato de três anos. Periodicamente, a entidade realiza congressos, merecendo registro especial os relatórios de investigações intitulados "Status dos Professores de Educação Física" e "Conhecendo o Mundo através da Educação Física".

As despesas do órgão são cobertas pela WCOTP, entidade financiada pela UNESCO, e pela Associação Americana de Saúde, Educação Física e Recreação (AAHPER), órgão privado sediado nos Estados Unidos.

O CIEPS (Conseil Intemational pour l'Éducation Physique et le Sport) surgiu em 1960, durante os Jogos Olímpicos de Roma. Trata-se de um órgão vinculado à UNESCO (Organization des Nations Unies pour l'Éducation, la Science et la Culture), que objetiva facilitar a cooperação entre as entidades internacionais desportivas de educação física, de saúde e de trabalho.

Funcionando dentro de uma disciplina específica no campo da educação física e desportos, existem a HISPA e a ISB.

A HISPA (Association Intemationale d'Histoire de l'Éducation Physique et du Sport), fundada em 1973, em Zurique, reúne membros de cinco continentes que estudam o esporte e atividades correlatas, mostrando outros aspectos de civilizações históricas e contemporâneas.

A ISB (Sociedade Internacional de Biomecânica), criada em 1973, também em Zurique, reúne especialistas em biomecânica e procura, como outras entidades, difundir as novidades surgidas neste campo através da realização de congressos, simpósios e seminários.

Há, também, organizações especializadas dedicadas a grupos específicos, como a AIEPSGW e a AIESEP.

A AIEPSGW (Association International of Physics Education and Gymnastic for Women), nascida em 1949, na cidade de Berlim, teve como sua grande incentivadora a professora Liselot Diem.

A AIESEP (Association Internationale des Écoles Superieures d'Éducation Physique), criada em 1962, em Lisboa, objetiva congregar as escolas de educação física de todo o mundo, com a finalidade de divulgar informações técnico-pedagógicas capazes de proporcionar a melhoria do ensino nas escolas superiores de educação física.

Merecem citação as organizações especializadas que se dedicam a atividades específicas dentro da área físico-desportiva, como o Grupo Internacional de Trabalho para a Educação Física Moderna e a WLRA (World Leisure and Recreation Association — Associação Internacional de Recreação e Lazer), esta com sede em Nova York, e que se destina à divulgação de técnicas sobre recreação.

EDUCAÇÃO FÍSICA NO BRASIL

Em 13 de janeiro de 1937 foi criada a Divisão de Educação Física, no âmbito do Departamento Nacional de Educação, dentro da estrutura regimental do Ministério da Educação e Saúde Pública. Posteriormente, em 1970, com a importância observada pela prática das atividades físicas em todo o país, a Divisão de Educação Física passou a se constituir em Departamento de Educação Física e Desportos, integrando a estrutura do Ministério da Educação e Cultura (MEC).

Oito anos depois, o MEC passou por um processo de reformulação estrutural, sendo criadas seis secretarias, uma delas a Secretaria de Educação Física e Desportos (SEED/MEC), organização que perdurou até abril de 1990.

Extinta a SEED/MEC, algumas de suas atribuições passaram a ser exercidas pela recém-criada Secretaria dos Desportos da Presidência da República, enquanto os assuntos específicos da área físico-educativa foram assim distribuídos:

1. Secretaria Nacional de Educação Básica — dividida em três departamentos: Departamento de Educação Pré-Escolar e de Ensino Fundamental, onde são tratadas as questões pertinentes à educação física infantil e do 1º grau; Departamento de Ensino Médio, abrangendo os assuntos referentes à educação física do 2º grau; Departamento de Educação Supletiva e Especial, abrangendo as questões pertinentes aos alunos portadores de deficiências.

2. Secretaria Nacional de Educação Superior, onde são tratadas as questões pertinentes à educação física do 3º grau.

A verdadeira obrigatoriedade do ensino da educação física surgiu através da Lei de Diretrizes e Bases, implantada em 1961, que preconizava o ensino da educação física em todos os graus de escolaridade, à exceção do ensino superior.

Mais tarde, em 25 de julho de 1969, através do Decreto-lei nº 705, esta obrigatoriedade passou também para o nível superior; porém, em 1º de novembro de 1971, o Decreto nº 69.450, em seu artigo 6°, facultava a prática da educação física em seis diferentes situações, detalhadamente abordadas neste livro no capítulo referente à "Regulamentação da Educação Física", que se inicia à página 33.

Com um número acima de cem escolas superiores capacitadas a licenciar profissionais de educação física, o Brasil possui poucas instituições dotadas de cursos de pós-graduação a nível de mestrado e doutorado na área.

Nos Estados, a educação física, sob a égide do poder público, é dirigida por departamentos ou coordenadorias subordinadas às Secretarias de Educação, o mesmo ocorrendo nos municípios, onde as Secretarias de Educação, às vezes, têm em sua estrutura regimental assessorias ou serviços de educação física. Em alguns municípios, estas assessorias são diretamente ligadas aos gabinetes dos prefeitos, o que facilita a sua manipulação política em detrimento de suas finalidades puramente educacionais.

No meio militar merece citação especial a Escola de Educação Física do Exército, fundada em 1930, responsável pela formação de instrutores e monitores. Há, ainda, o Centro de Educação Física Almirante Adalberto Nunes (CEFAN), antigo Centro de Esportes da Marinha, responsável pela formação de monitores.

Entre as instituições particulares ligadas à educação física deve ser citada a Federação Brasileira de Escolas de Educação Física, as Associações de Professores de Educação Física, existentes na maioria dos Estados, e a Associação Brasileira de Recreação.

MEDICINA DESPORTIVA

Conforme afirmou certa vez o professor Waldemar Areno, "Educação Física e Medicina Desportiva caminham lado a lado", justificando assim a inserção deste capítulo no presente livro e, em particular, no que tange à educação física brasileira.

O Decreto nº 69.450, de 1º de novembro de 1971, em seu artigo 12, diz o seguinte: "Os alunos de qualquer nível serão submetidos a exame clínico no início de cada ano letivo e sempre que for julgado necessário pelo médico assistente da instituição, que prescreverá o regime de atividades convenientes, se verificada anormalidade orgânica".

Estes exames deverão ser feitos por médicos especializados em medicina desportiva, que obtêm esta titulação após um curso de pós-graduação, com a carga horária de 360 horas/aula.

A formação do médico desportivo começou, em 1932, em um curso realizado na Escola de Educação Física do Exército. Posteriormente, em 1939, a Escola Nacional de Educação Física e Desportos, da antiga Universidade do Brasil, promoveu o primeiro curso feito por uma entidade civil.

O médico desportivo tem seu campo de ação nos colégios, nos clubes, nas entidades desportivo-recreativas e no magistério especializado — escolas de educação física, trabalhando, também, nas escolas de nível superior, onde a prática da educação física é obrigatória, integrando normalmente o currículo.

Na estrutura da administração desportiva, o médico deverá ter bom relacionamento com os técnicos e dirigentes, sendo suas atribuições perfeitamente definidas, não devendo permitir qualquer interferência em sua autoridade técnica.

Nas confederações, federações e Comitê Olímpico Brasileiro, o departamento médico tem como finalidades fazer a seleção para as competições nacionais e internacionais, bem como o controle e assistência — treinamentos e competições — aos atletas e às equipes, no país e no exterior. Para isso, deverá tomar providências básicas, como a formação de um arsenal terapêutico, verificar as condições climáticas dos locais de competição, comparecer e apresentar trabalhos a congressos médicos que porventura se realizem paralelamente às competições, verificar as condições dos alojamentos e os vestiários, supervisionar a alimentação servida aos atletas e dar orientação sobre o problema de aclimatação, quando as competições se realizarem em locais de altitudes superiores àqueles em que normalmente os atletas vivem e atuam.

No clube, o médico desportivo deve participar da seleção, orientação e controle dos participantes dos desportos internos e recreativos das equipes representativas e dos atletas de alto nível. Eventualmente, atende a sócios e funcionários, encaminhando-os, posteriormente, a clínicas especializadas ou ao INSS, no segundo caso. Ainda no clube, o médico desportivo é responsável pela supervisão das condições higiênicas dos locais destinados às práticas desportivas — campos, pistas, quadras, ginásios, piscinas, vestiários etc.

Internacionalmente, a medicina desportiva é dirigida pela Federação Internacional de Medicina Desportiva, vinculada à Organização Mundial de Saúde. No Brasil, o órgão máximo da especialidade é a Federação Brasileira de Medicina Desportiva, fundada em 18 de novembro de 1962, constituindo-se em Departamento Científico da Associação Médica Brasileira. Esta entidade tem por objetivo favorecer o estudo, a pesquisa e a divulgação de todos os assuntos relacionados com a especialidade; defender a medicina desportiva e os interesses gerais dos sócios das suas filiadas, dentro da legislação em vigor, e manter o intercâmbio cultural com entidades relacionadas à medicina da educação física e dos desportos, no âmbito nacional e internacional.

A Federação Brasileira de Medicina Desportiva realiza eleições para mudança de diretoria de quatro em quatro anos, durante os congressos brasileiros da especialidade. A entidade é filiada à Confederação Ibero-Americana de Medicina Desportiva e à Federação Internacional de Medicina Desportiva. Seu primeiro presidente foi o médico Waldemar Areno, durante muitos anos integrante do corpo docente da Escola de Educação Física e Desportos da Universidade Federal do Rio de Janeiro, instituição que dirigiu por dez anos e onde é professor emérito. Waldemar Areno também instituiu o I Curso de Especialização em Medicina Desportiva naquela Escola e no Brasil. Internacionalmente conhecido e respeitado, integra a Associação Internacional de Médicos Olímpicos e a Federação Internacional de Atletismo Amador, tendo participado de inúmeros congressos realizados no Brasil e no exterior.

Em quase todos os Estados do Brasil existem as sociedades de medicina desportiva, atuantes no âmbito regional.

CLASSIFICAÇÃO DOS DESPORTOS

Ao escrever o livro Desportos, Inezil Penna Marinho situa as várias modalidades desportivas em duas classificações. Na primeira, ele as divide em terrestres (individuais e coletivas), aquáticas (também individuais e coletivas) e aéreas (pára-quedismo e aeromodelismo). Na segunda, a classificação obedece a novas categorias, assim distribuídas (os respectivos exemplos, colocados entre parênteses, são de nossa responsabilidade):

1. Sob o ponto de vista social: amador (natação) e profissional (automobilismo).

2. Quanto à idade: infantis (basquete), juvenis (futebol), para adultos (boxe).

3. Quanto ao sexo: caracteristicamente masculino (boxe), indiferentemente masculino ou feminino (voleibol) e caracteristicamente feminino (nado sincronizado).

4. Quanto à valência física: força (halterofilismo), resistência (provas de fundo de atletismo e natação) e destreza — velocidade, agilidade, habilidade (basquetebol).

5. Quanto ao esforço: suave ou fraco (golfe) e intenso ou forte (handebol).

6. Quanto à coordenação neuromuscular: simples ou fácil (corrida, prova do atletismo) e complexo ou difícil (ginástica artística).

7. Quanto aos valores biopsicossociais: positivos (natação, judô) e negativos (boxe).

8. Quanto ao meio físico: terrestres (futebol), aéreos (pára-quedismo) e aquáticos (remo).

9. Quanto ao número de participantes: individuais (tiro ao alvo) e coletivos (basquetebol).

Para dar uma amplitude maior a esta classificação de desportos terrestres individuais e coletivos, o professor Inezil estabeleceu mais uma divisão, por nós enriquecida por modalidades cuja regulamentação foi aprovada nos últimos anos.

Individuais: atletismo, halterofilismo, ginástica, malha, esferísticos, intelectivos, equilibrísticos, esgrima, de mira, pedestrianismo, motorizados, corrida de orientação, hipismo e lutas.

O halterofilismo constitui-se em levantamento de peso, culturismo e exercícios básicos (onde a tônica é exclusivamente a força).

Os esferísticos abrangem tênis de mesa, tênis de quadra, golfe, boliche, bilhar, pelota de mão e badmington.

Os intelectivos abrangem xadrez, damas e bridge.

Pedestrianismo: montanhismo e excursionismo.

Equilibrísticos: patinação (sobre rodas e no gelo), esqui (na água e no gelo) e trenó (luge).

Esgrima: provas de sabre, espada e florete.

De mira: tiro ao alvo, tiro com arco e tiro aos pratos.

Motorizados: automobilismo e motociclismo.

Hipismo: saltos, adestramento e concurso completo de equitação (também conhecido como "prova dos três dias").

Lutas: boxe, caratê, capoeira, aikidô, luta livre olímpica, luta greco-romana, catch, jiu-jitsu, savate, sumô e taekwondô.

Coletivos: esferísticos e equilibrísticos.

Esferísticos: autobol, badmington, basquetebol, beisebol, bilhar, bocha, bolão, boliche, corfebol, criquete, curling, futebol, futebol americano, futebol de salão, futevôlei, handebol, hóquei na grama, hurling, lacrosse, netbol, paddlebol, pelota basca, peteca, pólo, pontobol, punhobol, raquetebol, rúgbi, showbol, shuffleboard, sinuca, softbol, tchukbol, tênis, tênis de mesa e voleibol.

Equilibrísticos: ciclismo, ciclobol, hóquei sobre patins, patinação e roller derby.

Todos se incluem na classificação dos desportos terrestres.

Os desportos aquáticos se dividem em individuais e coletivos.

Individuais: caça submarina, esqui, canoagem, iatismo, natação, pesca de lançamento, pesca oceânica, modelismo naval, motonáutica, remo, saltos ornamentais e surfe.

Coletivos: canoagem, iatismo, natação sincronizada, remo e pólo aquático.

Equilibrísticos: surfe.

Esferísticos: pólo aquático.

De tração: cabo de guerra.

Há, ainda, os chamados desportos polivalentes, que se disputam em terra, mar e ar, como os pentatlos moderno, militar, naval e aeronáutico.

Desportos Polivalentes

Pentatlo Moderno: consta de cinco provas disputadas em cinco dias consecutivos, na seguinte ordem:

1º dia: hipismo, salto de obstáculos: 15 saltos em 600 metros, com a velocidade de 350 metros/minuto.

2º dia: esgrima, prova de espada, com um toque decisivo.

3º dia: natação, 300 metros em nado livre.

4º dia: tiro, pistola ou revólver calibre 22, com 20 tiros a 25 metros em silhueta.

5º dia: atletismo, corrida de 4 mil metros em terreno acidentado (*cross-country*), partida individual.

Pentatlo Militar: consta de provas de tiro, pista de obstáculos, natação utilitária, lançamento de granada e *cross-country*. Em tiro são disputadas duas provas: 1) precisão; 2) rapidez, as duas na distância de 200 metros. Em ambas, acontecem duas séries de dez tiros, cada uma. Em precisão, esses tiros têm de ser dados em dez minutos, no máximo; em rapidez, os dez tiros têm de ser desferidos no prazo máximo de 1 minuto.

A pista de obstáculos consta de vinte oficinas, dispostas numa distância de 500 metros, assim distribuídas: 1) escada de corda; 2) vigas justapostas; 3) cabos; 4) rede de rastejo; 5) passagem de vau; 6) cerca rústica; 7) viga de equilíbrio; 8) rampa de escalada com uma corda; 9) barras horizontais; 10) mesa irlandesa; 11) bueiro e vigas justapostas; 12) vigas em degraus; 13) banqueta e fosso; 14) muro de assalto; 15) fosso; 16) escada vertical; 17) muro de assalto; 18) traves de equilíbrio; 19) chicana; 20) muro de assalto.

O arremesso de granadas é uma competição dividida em duas partes: precisão (16 granadas distribuídas em quatro círculos a 20, 25, 30 e 35 metros; alcance (três granadas a serem lançadas o mais longe possível, dentro de um setor de 30 graus).

A natação utilitária é uma prova constituída por quatro obstáculos flutuantes, distribuídos na distância de 50 metros, com medidas fixas entre eles. Os obstáculos são: troncos paralelos, jangada, mesa, tronco.

A última prova é o *cross-country*, uma corrida ao longo de 8 quilômetros em terreno acidentado.

Pentatlo Naval: consta de cinco provas desenvolvidas na seguinte ordem: pista com obstáculos, natação de salvamento, habilidade naval, natação utilitária e *cross-country*.

A pista de obstáculos, na distância de 300 metros, conta com dez oficinas: 1) barreira; 2) trave de equilíbrio; 3) tonel; 4) mesa irlandesa; 5) volteio com lançamentos de granadas através de uma porta estanque; 6) subida de rede com passagem aérea; 7) salto em distância; 8) túnel; 9) cabos paralelos, pranchas e pau de serriola; 10) cabo inclinado.

A prova de natação de salvamento é realizada na distância de 75 metros, com o atleta vestindo calção de banho e roupa de trabalho a bordo (calça e camisa com botões). Após nadar à flor d'água e se despir da roupa de trabalho, o atleta mergulhará e apanhará um boneco que estará postado no fundo da piscina; em seguida, o conduzirá com a cabeça fora d'água até à borda da piscina, respeitando as regras internacionais de salvamento.

A prova de habilidade naval se desenvolve num percurso de 300 metros, em terra e na água. A partida é dada em terra, com o atleta escalando um mastro de 6 metros de altura, sentado numa banqueta e com o auxílio de uma corda, carregando uma bolsa a tiracolo, contendo pinos de madeira de 20 centímetros de comprimento e com as mesmas cores dos orifícios situados no retângulo, também de madeira, colocado no alto do mastro. Após esta escalada, o atleta deverá colocar os pinos nos orifícios do retângulo, dentro das respectivas cores. Em seguida, desce e corre até a beira do cais, onde dá um nó na extremidade livre de um cabo ali colocado. Feito isso, o atleta lançará três retinidas — cabo fino, com entrelaçamento na extremidade de um dos chicotes, para poder ser lançado mais longe — a 22m50 de distância na água. Após cada lançamento, a extremidade da retinida deve ser amarrada no cais, com um nó simples. Valem três tentativas e só a que alcançar a marca é registrada.

Em seguida, o competidor entra no barco e rema em ziguezague, contornando seis bóias colocadas a 15 metros uma da outra — três bóias vermelhas e três verdes —, passando, alternadamente, pela esquerda das bóias verdes e pela direita das vermelhas.

A 20 metros da última bóia do ziguezague estarão duas bóias poitadas, com 25 metros de afastamento uma da outra. A operação consiste em tirar a amarra da primeira bóia e passá-la para a segunda, logo após cumprir o percurso em ziguezague.

Finalmente, após realizar esta tarefa, o atleta remará até uma bóia de amarração situada a 30 metros de distância, onde colocará uma manilha no olhai central. Feito isso, remará à máxima velocidade, num percurso de 100 metros, até a linha de chegada.

A prova de natação utilitária é disputada num percurso de 125 metros, em qualquer estilo, sendo permitido o uso de nadadeiras. Ela se divide em seis partes: 1) mergulho, nadando até 25 metros; 2) recebimento de um fuzil de três quilos, que será transportado por uma distância de 25 metros e devolvido à borda da piscina; 3) mergulho e passagem sob uma rede de 3 metros de comprimento (ação que se desenrolará a 60 metros do ponto de partida); 4) passagem sobre um tonel, a 90 metros da partida; 5) no fundo da piscina, o atleta deve unir as juntas de duas mangueiras, a 100 metros da partida; 6) em seguida, o atleta voltará à superfície e dará um tiro final de 25 metros, em estilo livre.

Finalmente, a última prova, o *cross-country*, é um percurso de 2.300 a 2.500 metros, com o atleta em roupa de combate e portando um fuzil. Esta prova divide-se em quatro etapas: 1) partida em acelerado forte; 2) tiro ao alvo, a 800 metros do ponto de largada, com um fuzil calibre 22, semi-automático. Serão dados 12 tiros, na posição deitada, em cinco alvos colocados a 50 metros de distância; 3) a 1.700 metros da largada, será feito um percurso na água, numa distância de 100 metros, utilizando-se um bote de borracha; 4) lançamento de granada, feito a 2.300 metros da partida. O atleta lança as granadas até atingir um alvo de 2 metros de diâmetro, situado a 25 metros de distância. As granadas devem pesar entre 550 e 650 gramas.

Pentatlo Aeronáutico: consta de uma competição aérea, de caráter facultativo: tiro, esgrima, basquetebol, natação e fuga e evasão.

A competição aérea consiste de três etapas: 1) navegação a baixa altura; 2) ataque simulado ar-terra; 3) observação de um tempo de vôo imposto. Cada avião deverá fazer um circuito triangular de 300 a 400 quilômetros, a uma altura de 600 pés (mais ou menos 180 metros).

A prova de tiro rápido se constitui de quatro séries de cinco tiros, a 25 metros de distância, tendo por alvo silhuetas automáticas de 1,60 m de altura, utilizando pistola.

Em seguida, disputa-se a prova de esgrima, na modalidade de espada, vindo depois a competição de basquetebol, constando de quatro etapas, executadas individualmente e sem interrupção: 1) destreza: deverá ser feito um drible em volta de cada uma das oito barreiras (em forma de moldura) dispostas na quadra (duas ao lado de cada garrafão e duas em frente à linha central, de cada lado da quadra). Um ponto deverá ser marcado em ambas as cestas; 2) velocidade: fazer o maior número de cestas em 30 segundos, com uma bola previamente colocada no meio da linha de lance livre; 3) coordenação: marcar cinco cestas, utilizando cinco bolas previamente colocadas sobre a linha de lance livre e em seus prolongamentos laterais; 4) descanso: converter o maior número de cestas, num total de vinte lançamentos, em 5 minutos — dez lançamentos, com a bola tocando primeiramente na tabela; dez lançamentos diretos à cesta.

Natação é a quarta prova esportiva do pentatlo aeronáutico. Realiza-se numa distância de 100 metros. Após os primeiros 50 metros, o atleta sai da piscina, corre 5 metros na borda e cai na água, novamente, trocando de raia; em seguida, nada submerso sob dois obstáculos flutuantes de 4 metros de comprimento. O estilo é opcional.

Uma prova de tiro rápido é a quarta do PA. O atleta faz quatro séries de cinco tiros, a 25 metros de distância, tendo por alvo silhuetas automáticas de 1,60 m de altura, utilizando revólver ou pistola.

A quinta prova é a de fuga e evasão. Consiste de duas etapas: 1) um percurso de obstáculos; 2) um percurso de orientação. O percurso de obstáculos tem uma distância de 300 a 400 metros, com 10 a 12 obstáculos médios, para a execução de exercícios de rastejo, subida, salto em profundidade, equilíbrio etc. O salto em profundidade deve ser de, no máximo, 2 metros; a subida deve ter um máximo de 4 metros e o rastejo não deve passar de uma extensão igual a 8 metros. O primeiro obstáculo estará colocado a 20 metros da partida e, o último, a 40 metros da chegada.

Treze minutos após iniciar o percurso de obstáculos, o atleta deverá estar pronto para começar o percurso de orientação, que será de 10 a 12 quilômetros. Cada atleta recebe uma carta topográfica e dispõe de cinco a sete horas para fazer a prova. Recebe, também, uma bússola, estojo médico de emergência, ração alimentar e um cartão de controle, onde serão escritos os vistos dos fiscais dos postos de controle. O uniforme usado é um macacão de vôo.

Desportos Mistos

Pode-se, ainda, admitir na classificação os chamados *Desportos Mistos*, praticados indistintamente pelos dois sexos: tiro com arco, atletismo, automobilismo, badmington, basquetebol, boliartística, golfe, handebol, halterofilismo, hóquei na grama, hipismo, iatismo, lutas, modelismo naval, natação, orientação, patinação (sobre rodas e no gelo), pedestrianismo, pólo aquático, remo, saltos ornamentais, softbol, surfe, tênis, tênis de mesa, xadrez e futebol.

Praticados de forma mais assídua pelo sexo masculino são o beisebol, bilhar, bocha, caça submarina, críquete, futebol de salão, hóquei no gelo, motociclismo, motonáutica, pelota de mão, pelota basca, pesca (de lançamento e oceânica), peteca, pólo, punhobol e rúgbi.

Destinados especificamente à prática feminina situam-se a ginástica rítmica desportiva e o nado sincronizado.

Outras Classificações

Juristas de renome internacional, ligados ao campo desportivo, também estabeleceram uma classificação, segundo eles, sob o ponto de vista jurídico.

Assim, o francês Pierre Garraud classifica os desportos em três categorias:

1. Desportos que não implicam em luta direta por força ou destreza contra um adversário: equitação, corridas a pé, de automóveis ou de avião, lançamento de peso ou de disco etc.
2. Desportos de luta direta somente por destreza: esgrima, futebol, tênis de quadra, hóquei etc.
3. Desportos de luta violenta, cujas regras preconizam o emprego sistemático da violência: lutas, boxe, rúgbi.

O italiano Del Vecchio cita cinco desportos e os classifica como criminais ou degenerativos: boxe, luta greco-romana, futebol, automobilismo e ciclismo.

Pereda, jurista espanhol, também divide os desportos em três grupos:

1. Desportos sem luta direta pessoal: automobilismo, corridas de cavalos, tiro etc.
2. Desportos que supõem luta, mas só de destreza e habilidade: tênis, esgrima, futebol.

3. Desportos que exigem luta direta e violenta: rúgbi, boxe.

Outro espanhol, Jimenez Asúa, igualmente classifica os desportos em três categorias:

1. Desportos que não supõem luta direta contra o adversário: corridas a pé, de cavalos, de automóveis, de planadores; lançamento de disco ou de peso.

2. Desportos caracterizados pela destreza, com exclusão da violência: esgrima, tênis de quadra.

3. Desportos violentos, em que golpes e lesões acontecem como consequência normal de suas regras e métodos: lutas, boxe, futebol, rúgbi.

O italiano Valsecchi sintetiza a classificação dos jogos desportivos em forma de luta:

1. A ação do participante recai sobre outra pessoa: luta livre, lutas de origem asiática, esgrima, rúgbi.

2. A ação do participante não recai sobre nada: corridas, salto, natação, ciclismo, patinação, equitação, automobilismo, motonáutica, aviação.

3. A ação do participante recai sobre uma coisa: futebol, tiro, caça, tênis de quadra, golfe, boliche, bolão.

Agustin Martinez, jurista cubano, classifica os desportos em três grupos:

1. Boxe e luta greco-romana.
2. Rúgbi, futebol e desportos análogos.
3. Ciclismo, motociclismo e automobilismo.

Cumpre, ainda, citar a classificação de Luiz Carlos Salomão, professor de educação física e estudioso da trilogia analítica, que estabelece quatro categorias para os desportos:

1. Esportes agressivos: esgrima, artes marciais (judô, caratê, kung-fu), capoeira, futebol americano, rúgbi.

2. Pseudo-esportes: boxe, roller derby, caça, tourada, rodeio.

3. Esportes perigosos: alpinismo, esqui aquático, esqui de montanha, surfe, automobilismo, motociclismo, motonáutica, asa-delta, pára-quedismo, provas extremamente longas, outras práticas perigosas como acrobacias com carros, saltar carros enfileirados.

4. Esportes não-perigosos: atletismo, handebol, basquetebol, beisebol, futebol de campo, futebol de salão, voleibol, natação,

ginástica artística, golfe, hóquei no gelo e na grama, tênis, squash, tênis de mesa, remo, pólo aquático, saltos ornamentais, patinação, dança, pólo, jogos de salão: bocha, boliche, lacrosse, peteca e raquetebol.

Finalmente, há uma última classificação — a nossa — que dispõe os desportos em três grupos:

1. Desportos disputados mediante marcação de tempo e obtenção de pontos: futebol (de campo, de salão e americano), basquetebol, corfebol, handebol, pólo aquático, punhobol, pólo equestre, hipismo (provas de salto e de adestramento), automobilismo, motociclismo, boxe, hóquei, beisebol, softbol.

2. Desportos disputados mediante marcação de tempo: natação, atletismo (provas de pista).

3. Desportos disputados mediante obtenção de marcas, representadas por pontos ou qualquer outro fator: saltos ornamentais, ginásticas (artística e rítmica desportiva), tênis, tênis de mesa, voleibol, halterofilismo, atletismo (provas de lançamento, decatlo, pentatlo).

Fechando este capítulo destinado a uma ampla abrangência sobre desportos, vale divulgar um trabalho de alto nível produzido pelo Departamento Técnico do Comitê Olímpico Brasileiro, que aborda os desportos coletivos em seus vários aspectos: número de praticantes durante a competição, numeração das camisas, número de substituições, tempo de jogo, dimensões do local de jogo e peso do instrumento de jogo.

DESPORTO	ATLETAS		NUMERAÇÃO DAS CAMISAS	SUBSTI-TUIÇÕES	TEMPO DE JOGO	DIMENSÕES DA QUADRA OU CAMPO	BOLA
	NA QUADRA	NO BANCO					
BASQUETEBOL	5	7	4 a 15	ilimitadas	2 x 20 min. (jogados, com 10 de descanso	14 x 26 m	600 a 650 g
BEISEBOL	9	9	à vontade	9	9 innings	quadrado com 27,50 m de lado	141 a 149 g
CORFEBOL	4 h 4 m	3 h 3 m	1 a 14	2 h 4 2 m	2 x 30 min. (corridos) com 10 de descanso	recinto coberto 20 x 40 m descoberto 30 x 60 m	425 a 475 g com 68 a 71 cm
FAUSTEBOL	5	3	1 a 8	ilimitadas	2 x 15 min. (jogados) com 5 de descanso	20 x 50 m	320 a 380 g com 62 a 68 cm
FUTEBOL	11	5	1 a 16 goleiros: 1 e 12	2	2 x 45 min. (corridos) com 10 de descanso	internacional: 105 x 68 m	396 a 453 g
FUTEBOL DE SALÃO	5	5	1 a 10	5	2 x 20 min. (jogados) com 10 de descanso	20 x 36 m	400 a 500 g
HANDEBOL	7	5	1 a 12 goleiros: 1 e 12	ilimitadas	até 18 anos: 2 x 25 min. com 10 de descanso mais de 18 anos: 2 x 30 min. com 10 de descanso	20 x 40 m	masc.: 425 a 475 g com 58 a 60 cm fem.: 325 a 400 g com 54 a 56 cm
HÓQUEI EM PATINS	5	3	goleiros: 1 e 10 demais: 2 a 8	ilimitadas	2 x 25 min (jogados) com 5 de descanso	20 x 40 m	155 g

DESPORTO	ATLETAS		NUMERAÇÃO CAMISAS	SUBSTI-TUIÇÕES	TEMPO DE JOGO	DIMENSÕES DA QUADRA OU CAMPO	BOLA
	NA QUADRA	NO BANCO					
HÓQUEI NA GRAMA	11	2	1 a 13	2	2 x 35 min. (corridos) com 10 de descanso	91 x 55 m	156 a 163 g
HÓQUEI NO GELO	6	14	1 a 20	ilimitadas	três tempos de 20 min. (jogados) com 15 de descanso	58 x 28 m (média)	disco de 156 a 170 g com diâmetro de 7,62 por 2,54 de espessura
PÓLO AQUÁTICO	7	6	ambos os goleiros nº 1 demais: 2 a 12	ilimitadas	4 x 7 min. com 2 de descanso	20 x 30 m	400 a 450 g
PÓLO EQUESTRE	4	2	1 a 4	2	8 tempos de 7:30 min. com 3 de descanso	146 x 275 m	120 a 135 g
RÚGBI	15	2	1 a 17	2	2 x 40 min. com 5 de descanso	144 x 69 m	oval com 380 a 440 g. Comprimento 28 a 30 cm
SOFTBOL	9	9	à vontade	9	9 innings	quadrado com 27,50 m de lado	122 a 135 g
VOLEIBOL	6	6	1 a 12	ilimitadas	sets de 15 pontos	18 x 9 m	250 a 280 g

ORGANIZAÇÃO DESPORTIVA NO PLANO INTERNACIONAL

A organização desportiva em âmbito internacional vem passando por um relevante processo de mudança qualitativa e de valorização política nos últimos anos.

Sempre apresentando o Comitê Olímpico Internacional como organismo de cúpula, posição conquistada principalmente devido à capacidade de vincular trinta entidades internacionais dirigentes de variadas modalidades de desportos de verão e de inverno, a estrutura organizacional do desporto mundial tem agora a influência de um novo tipo de entidade esportiva, que estabelece congregações, mais por razões político-sociais do que por razões meramente esportivas.

São instituições que podemos denominar de poliinstitucionais, servindo como exemplos o Conselho da Europa, a Academia Olímpica Internacional, a Associação Internacional de Esporte para Todos e outras a serem nomeadas mais adiante. Estes organismos são capazes de exercer influências políticas, sociais e econômicas possíveis de provocar substanciais alterações na estrutura geral do desporto, independentemente da especificidade de cada modalidade.

Comitê Olímpico Internacional (COI) — Sediado em Lausanne, o COI é o principal organismo desportivo internacional e promove, a cada quatro anos, a maior manifestação de integração desportiva mundial — os Jogos Olímpicos de Verão, e os Jogos de Inverno a cada dois anos naturais depois dos de Verão.

Criado em 23 de junho de 1894, por iniciativa do francês Pierre de Freddy, mais tarde barão de Coubertin, o COI teve por objetivo primordial a organização dos I Jogos Olímpicos da Era Moderna, que viriam a se consumar dois anos depois, em Atenas.

O grego Demétrius Bikelas foi o primeiro presidente do COI, atuando de 1894 a 1896. Seguiram-se Pierre de Coubertin, de 1896 a 1916; o suíço barão Godefroy de Blonay, de 1916 a 1918; novamente Coubertin, de 1919 a 1925; o belga Henry de Baillet-Latour, de 1925 a 1946; o sueco J. Sigrid Edstron, de 1946 a 1952; o norte-americano Avery Brundage, que ficou até 1972, sendo substituído pelo irlandês Lord Killanin. Este, em 1980, deu lugar ao espanhol Juan Antonio Samaranch, atual presidente.

O COI elege, além do presidente, cinco vice-presidentes, um para cada continente. Os seis constituem a comissão executiva, juntamente com mais outros seis membros. O mandato do presidente tem a duração de oito anos, sendo possível a reeleição para mandatos sucessivos de quatro anos cada um. Os vice-presidentes têm mandatos de quatro anos, podendo ser reeleitos para ocupar os mesmos cargos após um intervalo de, pelo menos, quatro anos.

Sem qualquer caráter lucrativo, as finalidades do COI são as seguintes:

— ativar a organização e o desenvolvimento do desporto e das competições desportivas;

— orientar e dirigir o desporto em direção ao ideal olímpico, estimulando e robustecendo a amizade entre os desportistas de todos os países;

— zelar pela celebração regular dos Jogos Olímpicos;

— fazer com que os Jogos Olímpicos sejam cada vez mais dignos de sua gloriosa história e do nobre ideal no qual o barão de Coubertin e seus colaboradores se inspiraram para restaurá-los.

O COI é composto pelas seguintes comissões: Comissão para a Academia Olímpica Internacional, Comissão Cultural, Comissão de Finanças, Comissão Médica, Comissão de Imprensa, Comissão para o Programa Olímpico, Comissão para a Solidariedade Olímpica, Comissão de Rádio e Televisão, Comissão de Admissão,

Comissão de "Discriminação e Olimpismo", Comissão de Atletas, Comissão do Movimento Olímpico, Comissão de Novas Fontes de Financiamento, Comissão do Esporte para Todos, Grupo de Trabalho para a Revisão da Carta Olímpica, Grupo de Trabalho Filatélico, Comissão de Coordenação dos Jogos Olímpicos, Conselho do Movimento Olímpico, Conselho da Ordem Olímpica e Tribunal Arbitral do Esporte.

Pierre de Coubertin - Aristocrata francês, bem relacionado em todos os ambientes esportivos da Europa, tomou-se a mola mestra do renascimento dos Jogos Olímpicos da Era Moderna. Posteriormente foi eleito presidente do Comitê Olímpico Internacional.

De acordo com a Carta Olímpica, somente os desportos amplamente praticados pelo sexo masculino, num mínimo de cinquenta países e em três continentes, podem ser inscritos no programa dos Jogos Olímpicos de Verão. Quanto às modalidades esportivas praticadas pelo sexo feminino, só podem figurar na programação olímpica aquelas amplamente praticadas em um mínimo de 35 países e em três continentes.

Segundo o COI, por amplamente praticados entende-se desportos disputados em campeonatos nacionais ou competições de copa, organizados com regularidade pela federação nacional correspondente; participação internacional e campeonatos regionais ou mundiais desse desporto.

No programa dos Jogos de Inverno só podem ser incluídos esportes amplamente praticados por mulheres e/ou homens num mínimo de 25 países e três continentes.

Concede-se o privilégio de organizar uma olimpíada não a um país, mas a uma cidade. Ao prefeito desta cidade cabe oficializar, por intermédio do Comitê Olímpico do seu país, a candidatura junto ao COI. Este, seis anos antes da época prevista para os jogos, estuda as candidaturas e decide, mediante votação entre seus membros, em número de 96.

Os desportos olímpicos de verão, atualmente em número de trinta, são os seguintes: *atletismo, badmington, basquetebol, beisebol, boxe, canoagem, ciclismo, esgrima, futebol, ginástica artística, ginástica rítmica desportiva, handebol, hipismo, hóquei na grama, iatismo, judô, luta livre, luta greco-romana, levantamento de peso, natação, nado sincronizado, pentatlo moderno, pólo aquático, remo, saltos ornamentais, tênis, tênis de mesa, tiro, tiro com arco e voleibol.*

O programa dos jogos da Olimpíada compreenderá, no mínimo, 15 das 30 modalidades anteriormente citadas.

Com a aprovação do COI, o Comitê Organizador dos Jogos Olímpicos (COJO) poderá escolher duas modalidades desportivas, entre as já reconhecidas pelo próprio COI, para organizar exibições das mesmas simultaneamente à realização dos jogos.

Os desportos olímpicos de inverno compreendem o esqui (provas de salto, corridas de velocidade e de fundo), patinação artística e de velocidade, corridas de trenó, hóquei no gelo e biatlo.

Não existe limite de idade para os participantes dos Jogos Olímpicos, assim como o COI desautoriza qualquer critério de contagem oficial de pontos por países, que objetive a classificação geral das nações. Com isso, procura-se fazer das Olimpíadas uma competição esportiva entre atletas e equipes, jamais entre países, evitando, assim, qualquer conotação política.

Apesar disso, em 1936, nos Jogos Olímpicos de Berlim, Hitler deu instruções a seus prepostos para que organizassem uma competição padrão e preparassem atletas e equipes dentro dos melhores métodos, a fim de provar ao mundo que o regime nazista era o mais adequado. Também em 1968, nas Olimpíadas do México, atletas norte-americanos, de cor negra, subiram ao *podium* com a cabeça coberta por uma boina preta e um dos braços esticados com a mão fechada, simbolizando o poder negro, então uma forma de protesto contra a discriminação racial nos Estados Unidos. Quatro anos depois, em Munique, houve a tragédia do assassinato de atletas israelenses por parte de um comando terrorista palestino, em plena Vila Olímpica e, em 1976, nos Jogos Olímpicos de Montreal, mais de vinte países africanos à última hora desistiram de participar da competição, como protesto à presença de atletas representantes de nações onde ainda existe discriminação racial.

Também em 1980, nos Jogos de Moscou, o problema político aconteceu após a negativa dos soviéticos em se retirarem do Afeganistão, por eles ocupado no ano anterior. Tal fato provocou o boicote de norte-americanos, alemães ocidentais, japoneses e outros cinquenta países. Quatro anos depois, alegando falta de segurança, os países socialistas, liderados pela União Soviética, com exceção apenas da Romênia e Iugoslávia, não compareceram a Los Angeles.

Em 1988, nos Jogos de Seul, a Coréia do Norte, que pleiteava a co-organização da olimpíada juntamente com a sua vizinha do Sul, embora nada tenha feito para ajudar a candidatura de Seul em 1982, não compareceu aos jogos, atitude imitada por Cuba e outros países socialistas sem maior relevância no cenário desportivo internacional.

Cumpre acrescentar que desde a reativação dos Jogos Olímpicos, em 1896, problemas políticos têm acontecido; porém, os fatos anteriormente referenciados se incluem entre os mais importantes no panorama geral da competição.

Objetivando imprimir maior brilhantismo à cerimônia de abertura dos jogos, o barão Pierre de Coubertin, então ocupando a presidência do COI, lançou uma novidade nas Olimpíadas de Antuérpia, em 1920 — O Juramento Olímpico, proferido por um atleta, representante do país sede da competição, cujos dizeres são os seguintes:

Juramos que nos apresentaremos nos Jogos Olímpicos como concorrentes leais, respeitando os regulamentos que os regem e desejosos de participar, com espírito cavalheiresco, para a glória do desporto e a honra de nossas equipes.

Em 1936, os alemães lançaram a ideia — prontamente aceita desde então — do revezamento que leva a tocha olímpica de Atenas até a sede dos jogos, iniciado com um corredor grego, que recebe a tocha, devidamente acesa, de uma jovem vestal, cuja túnica branca lembra as sacerdotisas da antiga Hélade. O percurso da tocha deve ser feito por terra, desde que possível, com a participação de atletas dos países pelos quais a tocha vai sendo passada de mão em mão. O último, aquele que acende a pira que arderá durante a realização dos jogos, poderá ser um atleta do país organizador.

O barão Pierre de Coubertin foi o idealizador da bandeira olímpica, em 1914. Toda branca, com os cinco anéis entrelaçados, representando os cinco continentes, unidos pelo ideal do esporte, ela foi hasteada pela primeira vez nos Jogos Olímpicos de Antuérpia, em 1920. As cores dos cinco anéis (verde, azul, amarelo, vermelho e preto) foram escolhidas porque, com elas, podem ser compostas as bandeiras de todos os países do mundo.

Conselho da Europa (CE) — Instituído em 1949 e constituído presentemente por um Comitê de Ministros dos Negócios Estrangeiros, representantes dos 24 países que o integram, o CE é um órgão de poder decisório. Tem por objetivo proteger os direitos humanos, aproximar os países europeus e ser o porta-voz da opinião pública européia a respeito das principais questões políticas e econômicas de recursos.

A sede do CE está localizada na cidade fronteiriça de Estrasburgo, capital da Alsácia, cuja escolha se deve à necessidade de simbolizar a reconciliação do pós-guerra. O orçamento do órgão atingiu, em 1988, 415 milhões de francos.

Através do Comitê Diretor para o Desenvolvimento do Desporto (CDDS), integrado por técnicos governamentais e representantes das associações ou federações desportivas nacionais dos países membros, foram executados trabalhos que geralmente terminaram manifestando criteriosas recomendações dirigidas às referidas nações membros do Conselho.

Entre os numerosos temas abordados figuram a dopagem, a proteção social dos desportistas, o desporto e a televisão, o desporto na escola, o desporto para deficientes, o desporto e a proteção da natureza, no que concerne às atividades físicas praticadas nas regiões de montanha. Também vêm sendo estudados problemas pertinentes ao desporto e à vida profissional, ao desporto e ao aumento do tempo livre, ao voluntariado na administração das instituições desportivas, à avaliação do impacto das políticas e dos programas do Esporte para Todos e à ativação de um programa comum europeu do teste padronizado de aptidão física.

O Conselho da Europa administra em Bruxelas, desde 1972, um centro especializado de informação denominado Clearing House, encarregado de reunir informações sobre as políticas, os projetos de ação e a investigação no domínio do desporto. Estas informações são periodicamente analisadas e comunicadas aos 24 países participantes das atividades do Conselho da Europa no âmbito desportivo.

Dentro da classificação de poli institucionais, a Academia Olímpica Internacional (AIO), criada em 1961, objetiva a promoção de valores sociais, educativos, estéticos, éticos e espirituais do movimento olímpico. Situada em Olímpia, a AIO forma a juventude que conduzirá e anunciará os pensamentos de Pierre de Coubertin. A administração da AIO está a cargo do Comitê Olímpico Grego. Um comitê (Ephoria) encarrega-se de sua organização e do seu funcionamento. Anualmente, a AIO realiza sessões onde são pronunciadas conferências por professores universitários, treinadores, campeões olímpicos, médicos, jornalistas e autoridades desportivas de todos os continentes, abordando temas variados que englobam os aspectos históricos, técnicos, jurídicos e artísticos do desporto.

A Associação Internacional de Esporte para Todos (TAFISA) também se inclui entre as entidades poliinstitucionais. Nascida em 1989, no Canadá, reúne representações de países e entidades públicas e privadas sob a forma de uma rede de intercâmbio de informações, de promoções em conjunto e cooperação internacional. Atual sede da TAFISA (Trim and Fitness Sport for all Association) está localizada em Frankfurt, sob o patrocínio da Confederação Alemã de Esportes (DSB), de entidades privadas de patrocínio esportivo e do Comitê Olímpico Internacional.

Relacionamos a seguir outras entidades poliinstitucionais:

Associação Olímpica Internacional para a Pesquisa Médico-Esportiva (AIORMS), sede: Lausanne.

Associação das Federações Internacionais Olímpicas de Desportos de Verão (ASOIF), sede: domicílio do presidente.

Associação das Federações Internacionais de Desportos de Inverno (AIWF), sede: Berna.

Associação das Federações Internacionais de Desportos Reconhecidos pelo COI (ARISF), sede: domicílio do presidente.

Associação Geral das Federações Desportivas Internacionais (AGFIS), sede: Monte Carlo.

Associação dos Comitês Olímpicos Nacionais (ACNO), sede: Paris.

Associação dos Comitês Olímpicos Nacionais da Europa (ACNOE), sede: Roma.

Comitê Esportivo Internacional do Trabalho (CSIT), sede: Bruxelas.

Comitê Internacional Pierre de Coubertin, sede: Lausanne.

Fundação Internacional para a Luta Contra a Violência Associada ao Esporte, sede: Bruxelas.

Conselho Internacional para Educação Física e a Ciência do Esporte (CIEPSS), sede: Colônia.

Comitê Internacional para o Fair-Play, sede: Paris.

Associação Internacional Contra a Violência no Esporte, sede: Paris.

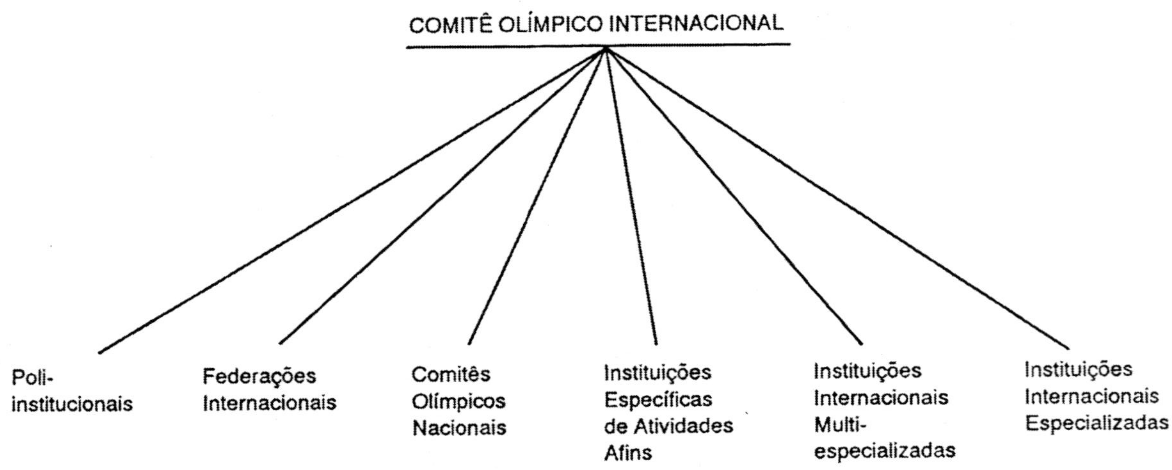
COMITÊ OLÍMPICO INTERNACIONAL
Poli-institucionais
Federações Internacionais
Comitês Olímpicos Nacionais
Instituições Específicas de Atividades Afins
Instituições Internacionais Multi-especializadas
Instituições Internacionais Especializadas

Grupo Internacional de Trabalho para Equipamentos de Esporte e Lazer, sede: Colônia.
Associação das Academias Olímpicas Ibero-Americanas, sede: Madri.
Panathlon Internacional, sede: Gênova.
Conselho Olímpico da Ásia (OCA), sede: Hawalli (Kuwait).
Conselho Olímpico Nacional da Oceania (ONOC), sede: Melboume.
Conselho Superior de Esportes da África, sede: Yaoundé (Camarões).
Associação Internacional de Educação Física, Esportes e Ginástica para Mulheres (AIEPSGW), sede: domicílio do presidente.
Conselho Internacional de Educação Física e Esportes (CIEPS), sede: Roma.
Assembléia Internacional de Organizações Nacionais Desportivas (IANOS), sede: Melboume.
Rede Esporte para Todos, sede: Rio de Janeiro.
Federação Pan-Americana de Esporte para Todos, sede: domicílio do presidente.
Associação Internacional de Informação Esportiva (lASI), sede: Toronto.
Associação Européia para Pesquisa em Atividade Física Adaptada, sede: Berlim.
Federação Internacional de Atividade Física Adaptada, sede: Berlim.
Associação Internacional de Educação Física em Escolas de Alto Nível Educacional, sede: Atlanta.

Todas estas entidades representam organismos capazes de influir na política do Comitê Olímpico Internacional e de seus filiados — Federações Internacionais Desportivas, Comitês Olímpicos Nacionais, entidades específicas de atividades afins e as federações internacionais altamente especializadas.

Federações Desportivas Internacionais — Em número de 72, são organismos dirigentes do desporto, de caráter particular. Deste total, trinta delas representam modalidades olímpicas, participando também dos Jogos Pan-Americanos e dos Jogos de Inverno. No quadro que se segue podemos ver igualmente os anos de fundação, de reconhecimento e o número de filiados de cada federação internacional.

Legenda:
JO.........Jogos Olímpicos JI.........Jogos de Inverno JPA.........Jogos Pan-Americanos

Entidade SIGLA	Fundação Reconhecido	Filiados Situação	Jogos
Federação Internacional de Aeronáutica	1905		//
FAI	1986	Reconhecida	
Federação Internacional de Aikidô	1976		//
IFA			
Federação Internacional de Arqueirismo	1931	70	JO/JPA/
FITA	1949	Olímpica	
Confederação Mundial de Atividades Subaquáticas	1908	61	//
CMAS	1986	Reconhecida	
Federação Internacional de Atletismo Amador	1912	182	JO/JPA/
IAAF	1921	Olímpica	
Federação Internacional de Automobilismo	1904	79	//
FIA			
Federação Internacional de Badmington	1934		JO//
IBF	1968	Olímpica	
Federação Internacional de Bandy			
IFB			//
Federação Internacional de Basquetebol Amador	1932	151	JO/JPA/
FIBA	1930	Olímpica	
Associação Internacional de Beisebol	1938		JO/JPA/
IBA	1954	Olímpica	
Federação Internacional de Bobsleigh e Tobogganing	1923	29	//JI
FIBT	1923	Olímpica	
Federação Internacional de Boliche	1952		/JPA/
FIQ	1979	Reconhecida	
Federação Internacional de Boxe Amador	1946	125	JO/JPA/
AIBA	1921	Olímpica	
Federação Internacional de Cabo de Guerra	1960	26	//
IWIF			
Federação Internacional de Cama Elástica	1964		//
FIT	1988	Reconhecida	
Federação Internacional de Canoagem	1924		JO/JPA/
FIC	1921	Olímpica	
Federação Internacional de Casting			//
ICF			
Federação Internacional de Ciclismo Amador	1900	129	JO/JPA/
FIAC	1910	Olímpica	
Federação Internacional de Corfebol	1933	39	//
IKF			
Federação Internacional de Culturismo	1946	130	//
IFBB			
Federação Internacional de Curling	1966	16	//
ICF	1985	Reconhecida	
Federação Mundial de Disco Voador			
WFDF			//
Federação Internacional de Esgrima	1913	73	JO/JPA/
FIE	1921	Olímpica	
Federação Internacional de Esportes Acrobáticos	1973		
IFSA	1986	Reconhecida	

Legenda:
JO.........Jogos Olímpicos JI.........Jogos de Inverno JPA.........Jogos Pan-Americanos

Entidade SIGLA	Fundação Reconhecido	Filiados Situação	Jogos
Confederação Mundial de Esportes e Boules	1985		//
CMSB	1986	Reconhecida	
Federação Internacional de Esqui	1924	54	//JI
FIS	1924	Olímpica	
União Mundial de Esqui Aquático	1948	44	//
UMSN	1981	Reconhecida	
Federação Internacional de Esquibob			//
FISB			
Federação Internacional de Esqui na Grama			//
IGSV			
Federação Internacional de Faustebol	1972		//
IFV			
Federação Internacional de Futebol Associado	1904	150	JO/JPA/
FIFA	1921	Olímpica	
Federação Internacional de Ginástica	1881	88	JO/JPA/
FIG	1921	Olímpica	
Conselho Mundial de Golfe Amador			//
WAGC			
Federação Internacional de Handebol	1946	95	JO/JPA/
IHF	1930	Olímpica	
Federação Internacional de Hipismo	1921	88	JO/JPA/
FEI	1921	Olímpica	
Confederação Mundial Amadora de Bochas	1951		
CMAB			//
Federação Mundial de Xadrez	1924		//
FIDE			
Federação Internacional de Futebol de Salão	1971		//
FIFUSA			
Federação Internacional de Pesca Esportiva	1952		//
FIPS			
União Internacional das Federações Amadoras de Bilhar	1923		//
UIFAB			
Federação Internacional de Hóquei	1924	85	JO/JPA/
FIH	1924	Olímpica	
Federação Internacional de Hóquei no Gelo	1908	31	//JI
IIFH	1948	Olímpica	
Federação Internacional de Judô	1951	104	JO/JPA/
IJF	1960	Olímpica	
União Mundial das Organizações de Caratê	1970		
WUKO	1986	Reconhecida	
Federação Internacional de Levantamento de Peso	1920	112	JO/JPA/
IWF	1921	Olímpica	
Federação Internacional de Levantamento de Força			//
IPF			
Federação Internacional Luge de Corrida	1957	26	//JI
FIL	1957	Olímpica	
Federação Internacional de Luta Amadora	1912	94	JO/JPA/
FILA	1921	Olímpica	

Legenda:
JO..........Jogos Olímpicos JI..........Jogos de Inverno JPA..........Jogos Pan-Americanos

Entidade SIGLA	Fundação Reconhecido	Filiados Situação	Jogos
Federação Internacional de Motociclismo FIM	1912	51	//
União Internacional de Motonáutica UIM			//
Federação Internacional de Natação Amadora FINA	1908 1921	123 Olímpica	JO/JPA/
Federação Internacional de Netbol Associado IFNA			//
Federação Internacional de Orientação IOF	1961 1979	Reconhecida	//
União Internacional de Patinagem ISU	1892 1921	34 Olimpica	//JI
Federação Internacional de Patinagem sobre Rodas FIRS	1924 1977	44 Reconhecida	/JPA/
Federação Internacional de Pelota Basca FIPV	1929 1960	Reconhecida	//
União Internacional de Pentatlo Moderno e Biatlo UIPMB	1948 1957	54 Olímpica	JO//JI
Federação Internacional de Pentaque FIPJP			//
Federação Internacional de Raquetebol Amador IARF	1979 1986	Reconhecida	//
Federação Internacional de Remo FISA	1982 1921	65 Olímpica	JO/JPA/
Federação Internacional de Rúgbi Amador FIRA		103	//
Federação Internacional de Sambo Amador FIAS	1984	68	//
Federação Internacional de Softbol ISF	1952 1977	49 Reconhecida	/JPA/
Federação Internacional de Squash ISRF	1928 1986	51 Reconhecida	//
Federação Mundial de Taekwondô WTF	1966 1980	108 Reconhecida	/JPA/
Federação Internacional de Tênis ITF	1913 1976	124 Olímpica	JO/JPA/
Federação Internacional de Tênis de Mesa ITTF	1926 1977	130 Olímpica	JO/JPA/
União Internacional de Tiro UIT	1907 1921	90 Olímpica	JO/JPA/
Federação Internacional de Triatlo FIT			//
União Internacional de Vela IYRU	1907 1921	75 Olímpica	JO/JPA/
Federação Internacional de Voleibol FIVB	1947 1957	144 Olímpica	JO/JPA/
Associação Internacional de Surfe ISA			

Algumas das entidades anteriormente citadas dirigem modalidades desconhecidas ou pouco conhecidas em nosso país, como, por exemplo, o aikidô, esporte de luta de ataque e defesa oriundo da Ásia; o bandy, espécie de hóquei no gelo, praticado na Suécia e jogado em um campo, cujas dimensões são iguais às do futebol, por duas equipes compostas de 11 jogadores cada uma, que buscam, com o uso de tacos, impulsionar uma pequena bola; o bobsleigh, desporto de inverno representado por corridas de trenó com dois ou quatro ocupantes; o casting, desporto de lançamento; o corfebol, basquetebol disputado por equipes com oito jogadores cada (quatro homens e quatro mulheres), que lançam a bola em cestas cilíndricas de vime ou junco, ao longo de dois tempos de 30 minutos cada um; o curling, disputado por equipes de quatro integrantes, consiste em empurrar com uma escova um disco de pedra pesando 20 quilos, sobre uma superfície de gelo em direção a uma casa de 3,65 m de diâmetro; o boules, uma espécie de bocha; o esquibob, desporto de inverno, em que um trenó é colocado sobre um par de esquis; o faustebol, também conhecido como punhobol, disputado por duas equipes de cinco jogadores, em um campo gramado de 50 metros de comprimento por 20 de largura, em dois tempos de 15 minutos; utiliza-se uma bola de 320/380 gramas, que deve ser lançada sobre uma fita zebrada de 2 metros de altura; o luge, uma variante das corridas de trenó, disputada por uma ou duas pessoas, em pistas íngremes e sinuosas; o netbol, um basquetebol feminino, análogo ao corfebol, jogado sobretudo na Inglaterra; o petanque, uma variante do boules; o raquetebol, combinando elementos de tênis e do handebol, é jogado em quadra fechada por duplas (2 x 2) ou em simples (1 x 1), podendo a bola ser lançada por meio de uma raquete contra as quatro paredes, o teto e o chão, vencendo quem primeiramente chegar aos 21 pontos; o sambo, modalidade de luta oriunda da União Soviética, disputada ao longo de 10 minutos, por homens ou mulheres, decidindo-se por abandono ou encostamento de espáduas no chão; e o softbol, idêntico ao beisebol, porém jogado em um campo menor e com uma bola maior, o que o torna menos perigoso.

Comitês Olímpicos Nacionais — Distribuídos pelos cinco continentes estão os Comitês Olímpicos Nacionais (CON), em número de 167, todos filiados ao COI, constituindo a célula máter do olimpismo nos países aos quais estão integrados. Segundo a Carta Olímpica, os CON têm o dever de zelar pelo desenvolvimento e a proteção do movimento olímpico e do desporto. Cada um deles será responsável único pela participação de seu país nos Jogos Olímpicos e nas demais manifestações patrocinadas pelo COI, bem como pela organização de qualquer evento que tenha lugar em seu país e receba o patrocínio do COI.

Instituições Específicas de Atividades Afins — Estas instituições compreendem as entidades representativas de uma determinada categoria, que funcionam como elemento de apoio à prática desportiva. Entre as mais conhecidas podemos relacionar:
Federação Internacional de Medicina do Esporte (FIMS), sede: domicílio do presidente.
União Europeia de Imprensa Esportiva (UEPS), Berlim.
Associação Internacional de Imprensa Esportiva (AIPS), Milão.
Federação Internacional de Cronometristas (FIC), Roma.
Federação Internacional de Filatelia Olímpica (FIPO), Lausanne.
Associação Internacional de Médicos Olímpicos Oficiais (IAO-MO), sede: domicílio do presidente.
Federação Internacional do Cinema e TV Esportivos (FICTS), Roma.
União Internacional de Arquitetos Esportivos (UIA), sede: domicílio do presidente.
Federação Internacional de Educação Física (FIEP), sede: domicílio do presidente.
Federação Internacional de Salvamento de Vida (ILSF), sede: domicílio do presidente.
Academia dos Esportes (Academie des Sports), Paris.
Comitê Internacional de Pedagogia do Desporto (ICSP), sede: domicílio do presidente.
Sociedade Internacional de Educação Física Comparada e Desportos (ICSSPE), sede: domicílio do presidente.
Associação Mundial de Recreação e Lazer (WLRA), Nova York.

Associação Internacional de Escolas Superiores de Educação Física (AIESEP), sede: domicílio do presidente.
Sociedade Internacional de Psicologia do Esporte (SIPE), criada em Roma (1965), sede: domicílio do presidente.
Liga Internacional de Ginástica Moderna (LIGM), sede: domicílio do presidente.
Associação para Pesquisas em Psicologia do Esporte (PSRA), sede: domicílio do presidente.
Federação Católica Internacional de Educação Física e Esporte (FICEP), Roma.
Associação Europeia de Nutrição Desportiva (AFNEFD), Barcelona.
Confederação Mundial para a Terapia Física (WCPT), Londres.
Federação Europeia de Psicologia Desportiva e Atividades Corporais (FEPSAC), Colônia.
Federação Internacional de História e Estatística do Futebol (FIHEF), Wiesbaden.

Instituições Internacionais Multiespecializadas — São representadas pelas entidades responsáveis pela realização dos Jogos Continentais ocorridos nos cinco continentes, objetivando sempre uma maior integração através da causa esportiva. Incluem-se nesta classificação as seguintes instituições:
Organização Desportiva Pan-Americana (ODEPA), criada em 1955, na Cidade do México, onde tem sede permanente; promove a cada quatro anos os Jogos Pan-Americanos.
Associação dos Comitês Olímpicos Nacionais da África (ACNOA), sede em Yaoundé, República dos Camarões.
Comitê Internacional dos Jogos Mediterrâneos (CIJM), sediado em Atenas.
Organização Desportiva Centro-Americana e do Caribe (ODECABE), sede na Cidade do México.
Organização Desportiva Bolivariana (ODEBO), sede: domicílio do presidente.
Organização Desportiva Sul-Americana (ODESUR), sede: domicílio do presidente.
Federação Internacional de Esportes Universitários (FISU), criada em 1948 e sediada em Bruxelas. Além das Universíades, organiza-

das a cada dois anos, promove campeonatos mundiais demais 13 outras modalidades: cross-country, taekwondô, equitação, orientação, futebol de 5, badmington, windsurf, ciclismo, golfe, xadrez, tênis de mesa, handebol e judô.
Comitê Internacional dos Jogos da Francofonia, sediado em Montreal e criado em Quebec (1987).
Conselho Internacional do Esporte Militar (CISM), oriundo do Conselho de Esportes das Forças Armadas (AFSC), sediado em Bruxelas.
União Desportiva Militar Sul-Americana (UDMS), criada em 1962 e com sede no país onde seu presidente está domiciliado.
Macabi World Union (MWU), sediado em Tel Aviv.
Organização Desportiva Centro-Americana (ORDECA), sede: domicílio do seu presidente.
Federação Desportiva Sul-Asiática, sede: domicílio de seu presidente.
Federação dos Jogos da Comunidade Britânica (CGF), também com sede no domicílio do seu presidente.
Associação Internacional dos Jogos Mundiais (IWGA), sediado em Zevenhuizen (Holanda).
Fundação Internacional de Maxidesportos (INMAFO), criada em 1988, em Buenos Aires, onde está sediada.
Federação Internacional do Desporto Escolar, sede em Darmstadt (Alemanha).
No capítulo destinado aos Jogos Continentais, maiores informações serão prestadas sobre estas instituições.

Instituições Internacionais Especializadas — Sob este enfoque podemos classificar, como organismo de maior relevância, o Comitê Internacional Coordenador das Organizações Mundiais de Esportes para Incapacitados (ICC), sediado na Grã-Bretanha, ao qual estão filiadas as seguintes entidades:
Comitê Internacional de Esportes de Surdos (CISS), sediado em Hvidovre (Dinamarca).
Associação Internacional de Esportes e Recreação para Paralisados Cerebrais (CPISRA), sediado em Lisse (Holanda).
Associação Internacional de Esportes para Cegos (IBSA), sede em Berlim.

Federação Internacional de Esportes para Pessoas com Deficiência Mental (INAS-FMH), sede em Den Haag (Holanda).
Federação Internacional de Jogos Stoke Mandeville (ISMGF), sediada na Grã-Bretanha, promotora de competições entre paraplégicos.
Organização Internacional de Esportes para Incapacitados Físicos (ISOD), sediada em Ontário.

JOGOS CONTINENTAIS

Em períodos que variam de um, dois ou quatro anos, são realizadas nos vários continentes competições internacionais que se assemelham, algumas, a autênticas olimpíadas, contando com um grande número de participantes e também dezenas de modalidades esportivas.

1. *Jogos Centro-Americanos e do Caribe.*
   Início: 1926, na Cidade do México.
   Promoção: Organização Desportiva Centro-Americana e do Caribe.
   Patrocínio: Comitê Olímpico Internacional.
   Período: a cada quatro anos, disputando-se mais de 15 modalidades desportivas.

2. *Jogos dos Pequenos Países da Europa.*
   Início: 1985, em San Marino.
   Patrocínio: Comitê Olímpico Internacional.
   Participantes: Andorra, Chipre, Islândia, Liechtenstein, Luxemburgo, Malta, Mônaco e San Marino.
   Modalidades: atletismo, basquetebol, ciclismo, judô, natação, tênis, tiro e voleibol.
   Período: de dois em dois anos.

3. *Jogos Mediterrâneos.*
   Início: 1951, em Alexandria.
   Promoção: Comitê Internacional dos Jogos Mediterrâneos.

Patrocínio: Comitê Olímpico Internacional.
Participantes: Itália, Espanha, França, Iugoslávia, Marrocos, Grécia, Egito, Chipre, Turquia, Argélia, Tunísia, Síria, Líbia, Líbano, Albânia e San Marino.
Modalidades: atletismo, basquetebol, boxe, canoagem, ciclismo, salto de trampolim, esgrima, futebol, golfe, ginástica artística, handebol, hipismo, judô, natação, levantamento de peso, luta, iatismo, remo, tiro, tênis de mesa, pólo aquático, voleibol e tênis.
Período: de quatro em quatro anos.

4. *Jogos da Comunidade Britânica.*
Início: 1930, em Ontário (Canadá).
Promoção: Federação dos Jogos da Comunidade (CGF).
Patrocínio: Comitê Olímpico Internacional.
Participantes: Antígua, Austrália, Bahamas, Bangladesh, Barbados, Belize, Bermudas, Botswana, Ilhas Virgens Britânicas, Brunei, Canadá, Ilhas Cayman, Ilhas Cook, Chipre, Dominica, Inglaterra, Ilhas Falkland (Malvinas), Fiji, Gâmbia, Gana, Gibraltar, Granada, Guemsey, Guiana, Hong Kong, Índia. Ilha de Man, Jamaica, Jersey, Quênia, Lesoto, Malawi, Malásia, Maldivas, Malta, Maurícias, Montserrat, Nova Zelândia, Nigéria, Ilha Norfolk, Irlanda do Norte, Papua Nova Guiné, Escócia, Seychelles, Serra Leoa, Cingapura. Ilhas Salomão, Sri Lanka, Santa Helena, São Cristóvão e Nevis, Santa Lúcia, São Vicente, Suazilândia, Tanzânia, Tonga, Trinidad e Tobago, Ilhas Turks e Caicos, Tuvalu, Uganda, Vanuatu, Gales, Samoa Ocidental, Zâmbia e Zimbáwe.
Modalidades: atletismo, badmington, punhobol, boxe, ciclismo, ginástica artística, judô, natação, tiro e levantamento de peso.
Período: de quatro em quatro anos.

5. *Jogos Centro-Americanos.*
Início: 1973.
Promoção: Organização Desportiva Centro-Americana (ORDECA).
Patrocínio: Comitê Olímpico Internacional.

Participantes: Belize, Costa Rica, El Salvador, Guatemala, Nicarágua, Panamá e Honduras.
Modalidades: atletismo, basquetebol, boliche, beisebol, boxe, ciclismo, esgrima, futebol, ginástica artística, hipismo, judô, levantamento de peso, luta, natação, pólo aquático, softbol, raquetebol, taekwondô, tênis, tênis de mesa, voleibol e xadrez.
Período: de quatro em quatro anos.

6. *Minijogos do Pacífico Sul.*
Início: 1963, em Suva (Ilha Fiji).
Patrocínio: Comitê Olímpico Internacional.
Participantes: Samoa Americana, Ilhas Cook, Fiji, Polinésia Francesa, Guam, Kiríbati, Ilhas Marshall, Nauru, Nova Caledônia, Niue, Ilhas Norfolk, Ilhas Marianas do Norte, Palau, Papua Nova Guiné, Ilhas Salomão, Toquelau, Tonga, Tuvalu, Vanuatu, Ilhas Wallis e Futuna, Samoa Ocidental.
Modalidades: atletismo, boxe, golfe, netbol, tênis e levantamento de peso.
Período: de dois em dois anos.

7. *Jogos Sul-Asiáticos.*
Início: 1983.
Promoção: Federação de Desportos Sul-Asiática.
Patrocínio: Comitê Olímpico Internacional.
Participantes: Bangladesh, Butão, Maldivas, Nepal, Sri Lanka, Índia e Paquistão.
Modalidades: atletismo, natação, futebol, voleibol, tênis de mesa, boxe, levantamento de peso, squash, luta e kabadi (desporto indiano regional).
Período: de dois em dois anos.

8. *Jogos Mundiais.*
Início: 1981, em Santa Clara (EUA).
Promoção: Associação Internacional de Jogos Mundiais.
Patrocínio: Comitê Olímpico Internacional.
Modalidades: natação subaquática, punhobol, culturismo, cabo de guerra, esqui aquático, tiro com arco no campo, patinação,

boliche, taekwondô, netbol, caratê, ciclismo artístico, corfebol, patinação de velocidade, saltos de trampolim, ginástica de solo, hóquei de patins, patinação artística, levantamento de peso (modalidade de exercícios de força).
Período: de quatro em quatro anos.

9. *Jogos Pan-Americanos de Inverno.*
Início: 1990, em Las Lenas (Argentina).
Promoção: Organização Desportiva Pan-Americana (ODEPA).
Patrocínio: Comitê Olímpico Internacional.
Modalidades: esqui e biatlo, na primeira competição.
Período: de quatro em quatro anos.

10. *Jogos Asiáticos de Inverno.*
Início: 1986, em Sapporo (Japão).
Promoção: Conselho Olímpico da Ásia (OCA).
Participantes: Japão, China, Coréia do Sul, Coréia do Norte, Índia, Irã, Mongólia, Filipinas e China Nacionalista.
Modalidades: patinação artística, patinação de velocidade, biatlo, esqui alpino, cross-country, salto e hóquei no gelo.
Período: de quatro em quatro anos.

11. *Jogos da África Central.*
Início: 1976, em Libreville (Gabão).
Promoção: Conselho Superior de Esportes da África (CSSA).
Participantes: Angola, Burundi, Camarões, Congo, República Centro-Africana, Gabão, Chade, Guiné Equatorial, São Tomé, Ruanda e Zaire.
Modalidades: atletismo, handebol, basquetebol, voleibol e futebol.
Período: de quatro em quatro anos.

12. *Jogos Carifta.*
Início: 1972.
Promoção: Associação dos Jogos Carifta (Caribe).
Participantes: Anguilla, Antígua, Aruba, Bahamas, Barbados, Belize, Bermudas, Ilhas Virgens Americanas, Ilhas Virgens

Britânicas, Ilhas Cayman, Dominica, Guadalupe, Guiana, Granada, Haiti, Jamaica, Martinica, Montserrat, Antilhas Holandesas, São Cristóvão e Nevis, Santa Lúcia, São Vicente, Suriname, Ilhas Turks e Caicos, Trinidad e Tobago.
Modalidades: atletismo, badmington, basquetebol, boxe, ciclismo, natação e tênis.
Período: anual.

13. *Jogos Asiáticos.*
Início: 1951, em Nova Delhi.
Promoção: Conselho Olímpico da Ásia (OCA).
Patrocínio: Comitê Olímpico Internacional.
Modalidades: boxe, judô, wushu, voleibol, levantamento de peso, tiro com arco, luta, badmington, ginástica artística, boliche, handebol, atletismo, futebol, natação, tiro, taekwondô, saltos ornamentais, ciclismo e tênis de mesa.
Participantes: Bahrein, Bangladesh, Butão, China, Hong Kong, Índia, Indonésia, Irã, Iraque, Japão, Coréia do Sul, Kuwait, Malásia, Maldivas, Nepal, Omã, Paquistão, Filipinas, Catar, Arábia Saudita, Sri Lanka, Cingapura, Tailândia, Emirados Árabes e Iêmen.
Período: de quatro em quatro anos.

14. *Jogos Afro-Asiáticos.*
Início: 1991, em Nova Delhi.
Promoção: Conselho Olímpico da Ásia (OCA).
Modalidades: atletismo, boxe, futebol, ginástica artística, basquetebol, natação, voleibol e luta, além de dois optativos a serem escolhidos pelo país organizador.
Período: de quatro em quatro anos.

15. *Jogos do Sudeste Asiático.*
Início: 1961.
Promoção: Conselho Olímpico da Ásia.
Patrocínio: Comitê Olímpico Internacional.
Participantes: Brunei, Indonésia, Malásia, Burma, Filipinas, Cingapura, Tailândia, Vietnã, Laos e União de Myamar.

Modalidades: atletismo, esgrima, boxe, levantamento de peso, ciclismo, natação, golfe, caratê, tiro com arco, judô, hóquei, tiro, badmington, basquetebol, ginástica artística, tênis de mesa, voleibol, iatismo, pólo aquático, saltos ornamentais (trampolim), futebol, taekwondô, culturismo, tênis, boliche, sepak takraw (assemelha-se ao futivôlei) e silat olahraga (arte marcial malaia).
Período: de dois em dois anos.

16. *Jogos Desportivos Sul-Americanos.*
Início: 1978, em La Paz.
Promoção: Organização Desportiva Sul-Americana (ODESUR).
Patrocínio: Comitê Olímpico Internacional.
Participantes: Argentina, Bolívia, Brasil, Chile, Equador, Paraguai, Peru e Uruguai.
Modalidades: atletismo, basquetebol, beisebol, boliche, boxe, badmington, canoagem, ciclismo, esgrima, futebol, ginástica artística, hipismo, iatismo, judô, luta, natação, pentatlo moderno, patinação, remo, softbol, taekwondô, tênis, tênis de mesa, tiro, tiro com arco e voleibol.
Período: de quatro em quatro anos.

17. *Jogos da Amizade (Goodwill Games).*
Início: 1986, em Moscou.
Apoio: Comitês Olímpicos Nacionais dos Estados Unidos e da União Soviética.
Modalidades: atletismo, basquetebol, boxe, ciclismo, ginástica artística, ginástica rítmica desportiva, levantamento de peso, handebol, luta, natação, patinação artística, pentatlo moderno, saltos ornamentais (trampolim), remo, tênis, iatismo e pólo aquático.
Período: de quatro em quatro anos.

18. *Jogos Africanos.*
Início: 1965, em Brazzaville.
Promoção: Conselho Superior de Esportes da África (CSSA).

Patrocínio: Comitê Olímpico Internacional.
Participantes: Egito, Nigéria, Tunísia, Quênia, Argélia, Senegal, Zimbáwe, Etiópia, Gana, Camarões, Uganda, Zaire, Madagáscar, Angola, Costa do Marfim, Maurícias, Tanzânia, Congo, Ruanda, Zâmbia, Burundi, Seychelles, Moçambique, Chade, Malawi, Marrocos, Sudão, Mali, Guiné, Somália, Gâmbia, Níger, Suazilândia, Togo, Gabão, Benin e Burkina-Faso.
Modalidades: atletismo, basquetebol, handebol, boxe, natação, judô, tênis e tênis de mesa.
Período: de quatro em quatro anos.

19. *Jogos da Francofonia.*
Início: 1989, em Marrocos.
Promoção: Comitê Internacional dos Jogos da Francofonia.
Patrocínio: Comitê Olímpico Internacional.
Competição criada pelos Chefes de Estados de língua francesa.
Participantes: Argélia, Bélgica, Benin, Burkina-Faso, Burundi, Camarões, Canadá, Canadá Brunswick, Canadá Quebec, República Centro-Africana, Comores, Congo, Costa de Marfim, Dijbuti, República Dominicana, Egito, França, Gabão, Guiné, Guiné-Bissau, Haiti, Laos, Líbano, Luxemburgo, Madagáscar, Mali, Marrocos, Maurícias, Mauritânia, Mônaco, Níger, Ruanda, Santa Lúcia, Senegal, Seychelles, Suíça, Chade, Togo, Tunísia, Vanuatu, Vietnã e Zaire.
Modalidades: atletismo, basquetebol feminino, futebol, judô, handebol, luta, concursos culturais (artes plásticas: pintura, escultura; visuais: concursos de vídeo; oficinas de arte: madeira, couro, tecido; interpretação: música, dança, cinema).
Período: de quatro em quatro anos (um ano após as olimpíadas).

20. *Jogos Internacionais Escolares.*
Início: 1968, em Celje (Iugoslávia).
Promoção: Federação Internacional do Desporto Escolar.
Período: de dois em dois anos.

21. *Jogos Pan-Árabes.*
Início: 1953, em Alexandria.
Promoção: União Árabe do Esporte (UAS).
Participantes: Argélia, Arábia Saudita, Bahrein, Djibuti, Iraque, Jordânia, Kuwait, Líbano, Líbia, Marrocos, Mauritânia, Omã, Qatar, Sudão, Somália, Síria, Tunísia, Emirados Árabes Unidos, República Árabe do Iêmen, República Democrática do Iêmen.
Modalidades: atletismo, natação, ginástica artística, boxe, luta, judô, levantamento de peso, tênis, tênis de mesa, hipismo, golfe, pólo aquático, ciclismo, futebol, basquetebol, iatismo, handebol e voleibol.
Período: de quatro em quatro anos.

22. *Jogos das Ilhas do Oceano Índico.*
Início: 1978, em La Réunion.
Promoção: Comitê Olímpico Nacional da Oceania (ONOC).
Patrocínio: Comitê Olímpico Internacional.
Participantes: Comores, Madagáscar, Maldivas, Maurícias, La Réunion e Seychelles.
Modalidades: atletismo, badmington, basquetebol, boxe, ciclismo, futebol, levantamento de peso, judô, natação, tênis de mesa, voleibol e iatismo.
Período: de quatro em quatro anos.

23. *Jogos Escolares Árabes.*
Início: 1962, no Kuwait.
Participantes: Algéria, Arábia Saudita, Bahrein, Djibuti, Emirados Árabes Unidos, Iraque, Jordânia, Líbano, Líbia, Kuwait, Marrocos, Mauritânia, Palestina, Qatar, Somália, Sudão, Síria, Turusia e República Árabe do Iêmen.
Período: de dois em dois anos.

24. *Maxijogos Internacionais.*
Início: 1991, em Buenos Aires, os Jogos de Verão; em Bariloche, os Jogos de Inverno.
Modalidades: atletismo, basquetebol, canoagem, ciclismo,

futebol, hóquei, natação, remo, tênis, tênis de mesa, squash, tiro e voleibol, entre os desportos de verão. Desportos de inverno: esqui (slalom gigante, slalom especial e super gee). Desportos convidados: golfe, rúgbi, iatismo e paddle tênis ou tênis com palheta (modalidade semelhante ao tênis, jogada com bola de esponja e uma raquete mais leve).

Categoria por faixas etárias:

Competitivas — Pré-máxi .... 25 a 29 anos.
Máxi .... A: 30 a 34 anos.
B: 35 a 39 anos.
C: 40 a 44 anos.
Máxi Sênior .... A: 45 a 49 anos.
B: 50 a 54 anos.
C: 55 a 59 anos.

Participativas — Máxi High .... 60 a 64 anos.
Máxi Silver .... 65 a 69 anos.
Máxi Golden .... 70 anos ou mais.

25. *Jogos Macabi (Macahiadas).*
Início: 1923, em Israel (sede permanente: Tel Aviv).
Promoção: União Mundial Macabi.
Modalidades: atletismo, basquetebol, esgrima, futebol, futebol de salão, ginástica artística, ginástica rítmica desportiva, golfe, handebol, hóquei na grama, iatismo, judô, caratê, levantamento de peso, natação, nado sincronizado, pólo aquático, remo, softbol, squash, tênis, tênis de mesa, tiro e voleibol.
Período: de quatro em quatro anos.

26. *Jogos Desportivos Pan-Americanos.*
Início: 1951, em Buenos Aires.
Promoção: Organização Desportiva Pan-Americana.
Patrocínio: Comitê Olímpico Internacional.
Participantes: países das três Américas e do Caribe.
Modalidades: atletismo, basquetebol, boxe, ciclismo, esgrima, futebol, ginástica artística, ginástica rítmica desportiva, handebol, hipismo, judô, levantamento de peso, luta, hóquei, nado sincronizado, natação, patinação, pentatlo moderno, pólo aquático, remo, saltos ornamentais, taekwondô, tênis, tênis de

mesa, tiro, tiro com arco, iatismo, voleibol, beisebol e boliche.
Período: de quatro em quatro anos (um ano antes das olimpíadas).

27. *Jogos Mundiais Universitários.*
Início: 1959, em Toronto.
Promoção: Federação Internacional de Esportes Universitários.
Patrocínio: Comitê Olímpico Internacional.
Participantes: aproximadamente oitenta países.
Modalidades: atletismo, basquetebol, esgrima, futebol, ginástica artística, natação, pólo aquático, saltos ornamentais, remo, tênis e voleibol.
Período: de dois em dois anos.

28. *Jogos Paraolímpicos.*
Início: 1960, em Roma.
Promoção: Comitê Coordenador Internacional das Organizações Mundiais de Desportos para Incapacitados (ICC).
Patrocínio: Comitê Olímpico Internacional.
Modalidades: atletismo, basquetebol, bilhar, ciclismo, esgrima, judô, natação, pelota a gol, tênis, tênis de mesa, tiro, tiro com arco, voleibol e levantamento de peso.
Período: de quatro em quatro anos.

29. *Jogos Internacionais de Incapacitados.*
Promoção: Comitê Coordenador Internacional das Organizações Mundiais de Desportos para Incapacitados (ICC).
Participantes: paraplégicos, tetra amputados, paralisados cerebrais, cegos e *les autres*.
Período: a cada ano.

30. *Jogos Mundiais de Paraplégicos.*
Início: 1970, em Londres.
Promoção: Federação Internacional de Jogos Stoke Mandeville.
Modalidades: atletismo, basquetebol, levantamento de peso, tiro, tiro com arco e xadrez.
Período: a cada ano.

31. *Jogos Mundiais Militares.*
Início: 1948, em Bruxelas.
Promoção: Conselho Internacional do Esporte Militar (CISM).
Participantes: um número superior a setenta países, disputando as modalidades individualmente. Estas não são concentradas num só período como no caso das olimpíadas ou competições similares.
Modalidades: pentatlo militar, pentatlo moderno, semana do mar (pentatlo naval, iatismo e remo), pentatlo aeronáutico, orientação, semana do esqui, tiro, atletismo, remo, canoagem, ciclismo, equitação, natação, tênis, halterofilismo, boxe, esgrima, judô, luta livre, taekwondô, basquetebol, voleibol, futebol, handebol e hóquei na grama.

32. *Jogos Equestres Mundiais.*
Início: 1990, em Estocolmo.
Promoção: Federação Equestre Internacional (FEI).
Participantes: representantes de mais de setenta países.
Modalidades: concurso completo de equitação (prova dos três dias), adestramento, salto de obstáculos, atrelagem (corrida de carruagens com 1, 2 ou 4 cavalos), volteio e prova de resistência.
Período: de dois em dois anos.

33. *Jogos Olímpicos Especiais.*
Início: 1968, em Chicago.
Promoção: Special Olympics Intemational (SOI).
Participantes: número superior a noventa países.
Modalidades: atletismo, basquetebol, boliche, equitação, futebol, ginástica, patinação, softbol e voleibol (desportos de verão); esqui de montanha, patinação artística, hóquei no gelo, patinação de velocidade, esqui de fundo e poly hóquei, praticado com um taco menor e sapatos especiais, ao invés de patins (desportos de inverno); canoagem, ciclismo, halterofilismo, tênis, tênis de mesa e handebol (desportos de demonstração).
Período: de quatro em quatro anos.

34. *Jogos da Micronésia.*
Início: 1969, em Saipan (Marianas do Norte).
Promoção: Conselho dos Jogos Micronésios.
Micronésia: Território tutelado pela ONU, no Pacífico. Capital: Kolonia.
Participantes: Guam, Chuuk, Ilhas Marshall, Marianas do Norte, Kosrae, Palau, Pohnpei e Yap.
Modalidades: atletismo, beisebol, basquetebol, voleibol, tênis de mesa, natação e "micro-todo" (modalidade constituída de natação e mergulho no mar, subida em cinco coqueiros e lançamento de dez cocos).
Período: de quatro em quatro anos.

35. *Jornadas Olímpicas da Juventude Européia.*
Início: 1991, em Bruxelas.
Patrocínio: Comunidade Econômica Européia e Comitê Olímpico Internacional.
Participantes: jovens na faixa etária dos 13 aos 18 anos dos 34 países cujos Comitês Olímpicos são filiados ao COI.
Modalidades: atletismo, basquetebol, hóquei na grama, futebol, ginástica rítmica desportiva, judô, natação, tênis de mesa, tênis e voleibol.
Período: de dois em dois anos.

ORGANIZAÇÃO DOS DESPORTOS NO BRASIL

O órgão máximo do desporto brasileiro, desde abril de 1990, é a Secretaria dos Desportos da Presidência da República (ver organograma à pagina 101).

Criada pela Lei nº 8.028, de 12 de abril de 1990, e regulamentada pelo Decreto nº 99.244, de 10 de maio de 1990, a referida Secretaria é um órgão de assistência direta e imediata ao presidente da República. Tem por objetivos realizar estudos, planejar, coordenar e supervisionar o desenvolvimento do desporto no país, de acordo com a Política Nacional de Desportos, além de zelar pelo cumprimento da legislação desportiva e prestar cooperação técnica e assistência financeira supletiva aos Estados, ao Distrito Federal, aos municípios e às entidades dirigentes dos desportos.

A Secretaria dos Desportos (SD) apresenta a seguinte estrutura regimental:

I — Órgãos de Assistência Direta e Imediata ao Secretário dos Desportos:
1 — Gabinete
2 — Assessoria de Planejamento e Avaliação (APA)

II — Órgãos Setoriais:
1 — Assessoria Jurídica (AJ)
2 — Coordenadoria de Administração Geral (CAG)

III — órgãos Específicos Singulares:
1 — Departamento de Desportos Profissional e Não-Profissional (DDPN-P)
2 — Departamento de Desportos das Pessoas Portadoras de Deficiência (DDPPD)
3 — Coordenadoria Técnico-Operacional (CTO)
4 — Coordenadoria de Programas Especiais e Cooperação Técnica (CPECT)

IV — Órgãos Específicos Colegiados:
1 — Conselho Nacional de Desportos (CND)
2 — Conselho de Administração do Fundo de Assistência ao Atleta Profissional (CAFAAP)

V — Órgãos Regionais:
1 — Gerência de Projetos de Esportes (GPE)

Dos Órgãos de Assistência Direta e Imediata ao Secretário dos Desportos, compete ao Gabinete exercer as seguintes atribuições:

I — Assistir o Secretário dos Desportos em sua representação social e política e incumbir-se do preparo e despacho do expediente pessoal do Secretário, bem como das atividades de comunicação social e assuntos parlamentares e, ainda, providenciar a publicação e a divulgação das matérias de interesse da Secretaria.

II — Acompanhar a tramitação de proposição do interesse específico da Secretaria nas casas do Congresso Nacional.

O Gabinete é integrado por um Serviço de Apoio (SA) e pela Seção de Protocolo e Documentação.

Quanto á Assessoria de Planejamento e Avaliação (APA), compete:

I — Compatibilizar as diretrizes e políticas do órgão com os Planos Nacionais de Desenvolvimento.

II — Assistir as unidades da Secretaria na elaboração e detalhamento de seus programas, projetos e atividades.

III — Consolidar o planejamento global da Secretaria, compatibilizando os programas, projetos e atividades das suas diferentes unidades.

IV — Estabelecer sistemática de acompanhamento e avaliação de planos e programas da Secretaria e propor, com base no acompanhamento e na avaliação de resultados, a adoção de providências relativas à reformulação ou adequação dos planos, programas e projetos.

Dos Órgãos Setoriais, compete à Assessoria Jurídica (AJ):

I — Assessorar o Secretário em assuntos de natureza jurídica.

II — Manifestar-se sobre questões jurídicas relacionadas com o exercício das competências da Secretaria dos Desportos.

III — Cumprir e zelar pelo cumprimento da orientação normativa emanada da Consultoria Geral da República.

IV — Assistir o Secretário no controle interno da legalidade dos atos da Administração, mediante:
a — o exame de toda espécie de atos administrativos de iniciativa da Secretaria;
b — elaboração de atos, quando solicitada pelo Secretário;
c — a proposta de declaração de nulidade de ato administrativo praticado no âmbito da Secretaria.

V — Examinar as minutas de edital de licitação, contratos, acordos, convênios ou ajustes que devam ser assinados pelas autoridades da Secretaria.

VI — Emitir parecer, em toda matéria de natureza desportiva, bem como interpretar sua legislação e elaborar instruções sobre seu cumprimento pelas entidades desportivas.

Quanto à Coordenadoria de Administração Geral (CAG), compete:

I — Coordenar, controlar e fiscalizar, no âmbito da Secretaria, as atividades relativas a pessoal, orçamento e execução financeira, material de consumo permanente e serviços gerais.

II — Propor normas internas para a execução de atividades financeiro-orçamentárias, de compras, de licitações, de contratações, de pagamento, de administração de materiais e de pessoal.

A Coordenadoria de Administração Geral tem a seguinte estrutura:

I — Serviço de Orçamento e Finanças (SOF)
1 — Seção de Execução Financeira

2 — Seção de Prestação de Contas

II — Serviço de Pessoal (SP)
  1 — Seção de Avaliação, Cadastro e Controle
  2 — Seção de Folha de Pagamento

III — Serviços Gerais (SG)
  1 — Seção de Compras
  2 — Seção de Almoxarifado
  3 — Seção de Patrimônio e Manutenção

Integrando a estrutura dos Órgãos Específicos Singulares, o Departamento de Desportos Profissional e Não-Profissional (DDPN-P) deverá:

I — Promover, prioritariamente, o desporto educacional, relacionando sua prática com os princípios e os fins de educação nacional.

II — Apoiar a promoção do desporto de alto rendimento e incentivar as manifestações desportivas de criação nacional ou com raízes na cultura brasileira.

III — Apoiar atividades desportivas caracterizadas pela participação popular voluntária, que contribuam para o relacionamento sociocultural entre as pessoas das comunidades, a compensação dos efeitos nocivos da vida moderna, e para a promoção e a preservação da saúde.

IV — Promover estudos, pesquisas e análises para subsidiar a formulação da Política Nacional dos Desportos.

V — Planejar, coordenar e supervisionar as atividades da Secretaria em sua área de competência e articular-se com os órgãos públicos, as organizações desportivas e os segmentos da sociedade interessados nas atividades decorrentes de sua programação.

VI — Prestar assistência técnica, em sua área de atuação, ao Conselho Nacional de Desportos e ao Conselho de Administração do Fundo de Assistência ao Atleta Profissional, assistindo-os no desempenho de suas funções.

O referido Departamento tem a seguinte estrutura:

I — Divisão de Desporto de Rendimento (DDR)

1 — Seção de Planejamento

II — Divisão de Esporte Para Todos (DEPT)

1 — Seção de Planejamento

2 — Seção de Promoção de Eventos

III — Divisão de Desporto Educacional (DDE)

1 — Seção de Planejamento

2 — Seção de Promoção de Eventos

IV — Divisão de Ciências do Desporto (DCD)

1 — Seção de Planejamento

O Departamento de Desportos das Pessoas Portadoras de Deficiência (DDPPD) tem as seguintes atribuições:

I — Promover estudos, pesquisas e análises para subsidiar a formulação da Política Nacional dos Desportos.

II — Promover estudos com vistas á aquisição, adequação e divulgação de novas tecnologias para o aparelhamento e desenvolvimento do desporto para pessoas portadoras de deficiência.

III — Articular-se com instituições de ensino superior de educação física e desportos, objetivando a troca de experiências e cooperação técnica.

IV — Promover a articulação e a cooperação técnica com outras entidades, visando apoiar as instituições de educação especial na implementação do desporto especializado.

V — Promover e divulgar eventos na área do desporto especial.

VI — Subsidiar as entidades e sistemas de educação especial na análise, orientação e atualização técnico-didático-desportiva.

VII — Propor alternativas de captação de recursos para transferência e aquisição de tecnologias.

VIII — Desenvolver estudos e pesquisas com vistas à avaliação dos resultados obtidos na área psicossocial da pessoa portadora de deficiência.

IX — Promover e divulgar documentação técnico-pedagógica relacionada com o Desporto para Pessoas Portadoras de Deficiência.

O Departamento de Desportos das Pessoas Portadoras de Deficiência apresenta a seguinte estrutura:

I — Divisão de Capacitação de Recursos Humanos (DCRH)
   1 — Seção de Articulação
   2 — Seção de Análise Técnica

II — Divisão de Pesquisa e Desenvolvimento Tecnológico (DP-DT)

III — Divisão de Desenvolvimento e Fomento Desportivo, (DD-FD)
   1 — Seção de Fomento Desportivo

IV — Divisão de Documentação e Informação (DDI)
   1 — Seção de Documentação

À Coordenadoria Técnico-Operacional (CTO) compete:

I — Formular, propor e coordenar a política de informática da Secretaria, observadas as orientações fixadas pela Secretaria Especial de Informática — SEI e pela Subsecretaria de Controle de Informática do Setor Público.

II — Emitir pareceres sobre questões técnico-desportivas que lhe forem encaminhadas.

III — Prestar assistência técnica na sua área de atuação ao Conselho Nacional de Desportos — CND e ao Conselho de Administração do Fundo de Assistência ao Atleta Profissional — CA/FAAP.

IV — Manter os registros e cadastros desportivos, previstos em lei.

V — Assessorar o Conselho de Administração do Fundo de Assistência ao Atleta Profissional — CA/FAAP na elaboração de normas para aplicação dos recursos do Fundo.

A Coordenadoria Técnico-Operacional está constituída pela seguinte estrutura:

I — Serviço de Informática (SI)
   1 — Seção de Desenvolvimento de Sistemas

II — Serviço de Apoio Técnico (SAT)
   1 — Seção de Apoio ao CND
   2 — Seção de Apoio ao CA/FAAP

III — Serviço de Registro e Documentação (SRD)
   1 — Seção de Análise e Registro

A Coordenadoria de Programas Especiais e Cooperação Técnica (CPECT) tem por finalidades:

I — Manter, em articulação com os departamentos, relacionamento com organismos nacionais envolvidos com programas de cooperação científica, cultural e técnica na área desportiva.

II — Manter, em articulação com os departamentos, relacionamento com organismos internacionais envolvidos com programas de cooperação científica, cultural e técnica na área desportiva, consultando o Ministério das Relações Exteriores.

III — Identificar fontes de recursos, bem como mecanismos de captação destinados a promover programas de cooperação científica, cultural e técnica internacional.

IV — Compatibilizar, a nível técnico, os programas e projetos de caráter interdepartamental da Secretaria.

V — Compatibilizar, a nível técnico, no âmbito da Secretaria, programas e projetos especiais na área desportiva, em que estejam integrados outros órgãos federais, estaduais ou municipais.

VI — Propor, em articulação com os departamentos, o plano anual de cooperação científica, cultural e técnica na área desportiva, em âmbito nacional.

VII — Desenvolver estudos e acompanhar a utilização do marketing desportivo.

A referida Coordenadoria tem a seguinte estrutura:

I — Serviço de Cooperação Científica, Cultural e Técnica (SCC-CT)
    1 — Seção de Apoio e Cooperação Técnica

II — Serviço de Programas e Projetos Especiais (SPPE)
    1 — Seção de Análise de Projetos

Incluído entre os órgãos específicos colegiados, o Conselho Nacional de Desportos (CND), que antes da criação da Secretaria dos Desportos era o órgão de cúpula do desporto brasileiro, tem por finalidade assessorar o secretário dos desportos na formulação da

Política Nacional de Desportos e atuar como órgão normativo e disciplinador do desporto nacional.

O CND, de acordo com a lei que criou a Secretaria dos Desportos, passou a se constituir de 11 membros, nomeados pelo presidente da República, sendo:

I — O Secretário dos Desportos, como seu presidente.

II — Dois membros indicados pelo Secretário dos Desportos, dentre pessoas de elevada expressão cívica e de notórios conhecimentos e experiência sobre desportos para servirem, um como 1º vice-presidente e, outro, como 2ª vice-presidente.

III — Um representante do Comitê Olímpico Brasileiro, por este indicado.

IV — Um representante da Federação Brasileira de Medicina Desportiva, por esta indicado.

V — Um representante das confederações dirigentes de desportos não-profissionais, por estas indicado.

VI — Um representante das confederações dirigentes de desportos profissionais, por estas indicado.

VII — Um representante dos clubes de futebol profissional da 1º Divisão Nacional, por esta indicado.

VIII — Um representante dos atletas profissionais.

IX — Um representante dos atletas não-profissionais.

X — Um representante dos técnicos desportivos.

Os membros referidos nos itens V, VI e VII serão indicados por eleição em sessão especialmente convocada para este fim, presidida pelo Secretário dos Desportos, que por sua vez indicará os membros referidos nos itens VIII , IX e X.

Cada conselheiro terá um mandato de dois anos, com direito a uma recondução, não ultrapassando, em qualquer hipótese, o mandato do presidente da República.

De sua parte, o Conselho de Administração do Fundo de Assistência ao Atleta Profissional (CA/FAAP) tem por atribuições:

I — Submeter ao Secretário a programação anual do Fundo.

II — Elaborar os planos de aplicação dos recursos do Fundo.

III — Promover estudos e pesquisas relacionadas com a assistência ao atleta profissional.

Entre os órgãos regionais inclui-se a Gerência de Projetos de Esportes (GPE), com as seguintes atribuições:

I — Executar ações de interesse do desporto junto aos órgãos e entidades dirigentes do desporto nacional, sediados na sua área de jurisdição.

II — Disseminar e coletar junto aos órgãos da comunidade esportiva brasileira, sediados na região, informações técnico-pedagógicas que possam promover o desenvolvimento do desporto nacional.

III — Atuar como agente de integração e articulação entre a Secretaria e as confederações, associações e entidades dirigentes do desporto, sediadas em sua área de jurisdição.

IV — Participar, por determinação do Secretário, em solenidades e eventos na área desportiva, representando a Secretaria dos Desportos.

V — Assistir o Secretário dos Desportos e demais dirigentes da Secretaria, quando de sua presença na região, prestando todo o apoio técnico e administrativo necessário.

VI — Desenvolver estudos e propor apoio a programas e projetos de desenvolvimento desportivo na região sob sua jurisdição.

VII — Apresentarão Secretário relatórios periódicos das atividades desenvolvidas sob sua responsabilidade.

Nos Estados, em cada Território e no Distrito Federal há os conselhos regionais de desportos, diretamente vinculados aos governos estaduais, responsáveis pela nomeação de seus membros.

Ao final deste livro constam algumas referências contidas na Constituição elaborada em 1988 e pertinentes ao desporto, merecendo citação o fato de que as constituições estaduais, algumas já concluídas e outras em fase de conclusão, igualmente dispensam um tratamento especial ao desporto.

Confederações. Até o início de 1979, a Confederação Brasileira de Desportos (CBD) situava-se como a principal entidade do desporto brasileiro, sendo a mais antiga — fundada em 6 de dezembro de 1916. Posteriormente, a CBD desmembrou-se em Confederação Brasileira de Futebol e em várias outras entidades, sendo que as modalidades financeiramente mais desprotegidas se juntaram e passaram a constituir a Confederação Brasileira de Desportos Terrestres (CBDT), responsável pelos destinos do boliche, corfebol, malha, pentatlo moderno, peteca e punhobol.

As confederações estão sob a imediata supervisão normativa e disciplinar da Secretaria de Desportos, através do Conselho Nacional de Desportos, e são as entidades responsáveis pela direção dos desportos nacionais, cabendo-lhes a representação no exterior e o intercâmbio com as entidades internacionais. Elas podem ser especializadas ou ecléticas, conforme tenham sob sua direção uma só modalidade desportiva ou mais de uma.

Cada confederação se organizará mediante a união de, no mínimo, três federações, referentes ao desporto ou a cada um dos ramos desportivos cuja direção exerça ou pretenda exercer no país, só podendo funcionar com autorização prévia concedida pela Secretaria de Desportos da Presidência da República.

No âmbito universitário funciona como entidade máxima a Confederação Brasileira de Desportos Universitários (CBDU), fundada em 9 de agosto de 1939, com a denominação de Confederação Universitária de Esportes e ganhando foros legais através do Decreto 3.617, de 15 de setembro de 1941.

A CBDU representa o desporto universitário brasileiro no exterior e promove o intercâmbio com as entidades dirigentes internacionais, tendo por finalidade:

1. Representar o desporto universitário brasileiro, em todo o território nacional e no exterior;
2. Difundir e incentivar, no meio universitário, a prática dos desportos;
3. Promover e dirigir competições nacionais e regionais do setor e preparar as representações universitárias para os eventos desportivos realizados no exterior.

Nota — Ver observação à página 110.

A CBDU tem seu presidente eleito a cada três anos. Sua promoção máxima denomina-se Jogos Universitários Brasileiros (JUBs), em que se disputam competições de atletismo, basquetebol, futebol de salão, handebol, natação, judô e voleibol, cada ano num Estado diferente.

Nos vários Estados da União estão as federações universitárias, subordinadas à CBDU, e em cada instituição de ensino superior poderá ser constituída uma associação atlética, vinculada à federação atlética do respectivo Estado.

As confederações, em cada Estado ou território e no Distrito Federal, poderão ter como filiadas as federações do desporto competente. Nos municípios, os desportos são controlados pelas ligas. E, finalmente, como célula germinativa de todas estas instituições, vem o clube. Sem ele, nada existiria. O clube, sob o aspecto social e humano, é o módulo mais importante.

Vinculadas à Secretaria dos Desportos/PR, as confederações são atualmente em número de 33:

— Confederação Brasileira de Atletismo,
— Confederação Brasileira de Automobilismo,
— Confederação Brasileira de Basquetebol,
— Confederação Brasileira de Beisebol,
— Confederação Brasileira de Canoagem,
— Confederação Brasileira de Ciclismo,
— Confederação Brasileira de Culturismo,
— Confederação Brasileira de Desportos Aquáticos,
— Confederação Brasileira de Desportos Terrestres,
— Confederação Brasileira de Esgrima,
— Confederação Brasileira de Futebol,
— Confederação Brasileira de Futebol de Salão,
— Confederação Brasileira de Ginástica,
— Confederação Brasileira de Golfe,
— Confederação Brasileira de Handebol,
— Confederação Brasileira de Hipismo,
— Confederação Brasileira de Hóquei e Patinação,
— Confederação Brasileira de Judô,
— Confederação Brasileira de Caratê,
— Confederação Brasileira de Levantamento de Peso,
— Confederação Brasileira de Lutas,

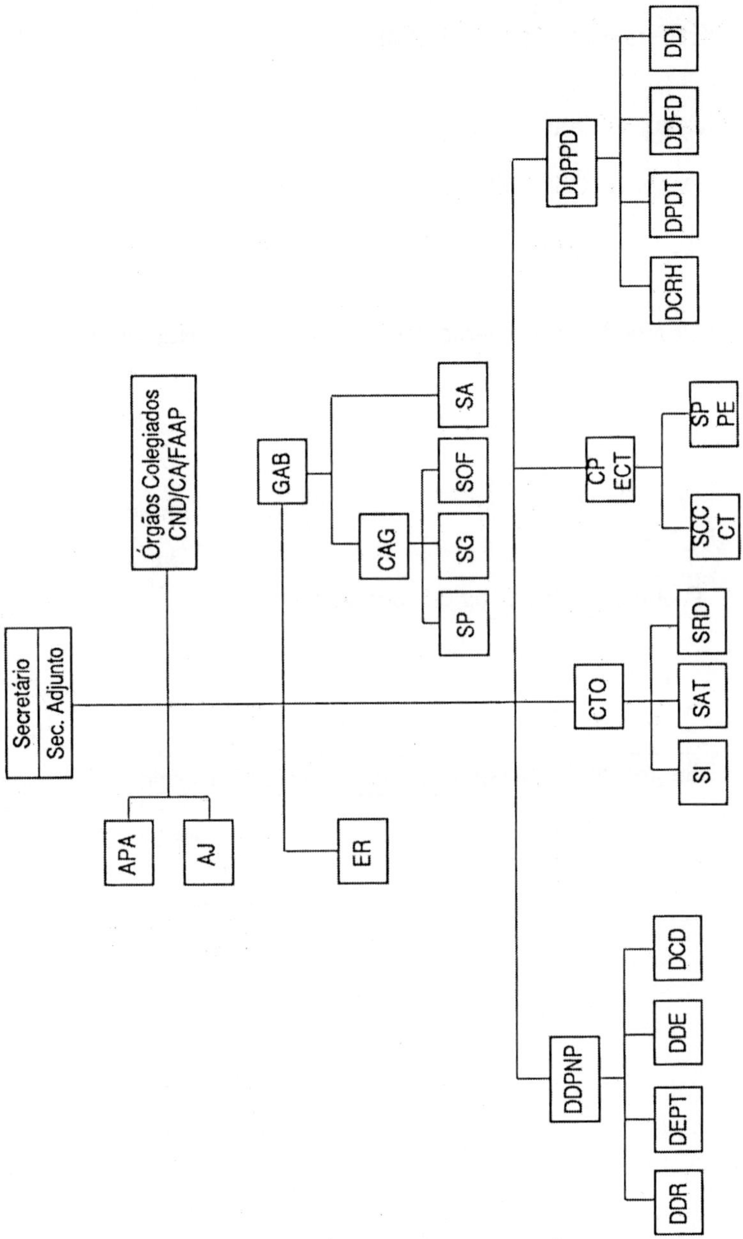
Secretário
Sec. Adjunto
Órgãos Colegiados CND/CA/FAAP
APA
AJ
GAB
ER
CAG
SA
SOF
SG
SP
DDPPD
DCRH
DPDT
DDFD
DDI
CP ECT
SCC CT
SP PE
CTO
SI
SAT
SRD
DDPNP
DDR
DEPT
DDE
DCD

DESPORTO NO BRASIL

Divisão Setorial

1. Desporto Comunitário

Secretaria de Desportos/PR	—	Estatal
Confederações (particulares)	—	Nacional
Federações (particulares)	—	Estadual
Ligas (particulares)	—	Municipais
Clubes/Associações Desportivas		

2. Desporto Classista

Secretaria de Desportos/PR — Ministério do Trabalho (estatal)

Ministério do Trabalho (estatal)
|
Centro Brasileiro de Desp. Classistas (particular)
|
Centros Regionais de Desp. Classistas (particulares)
|
Empresas

3. Desporto Educacional

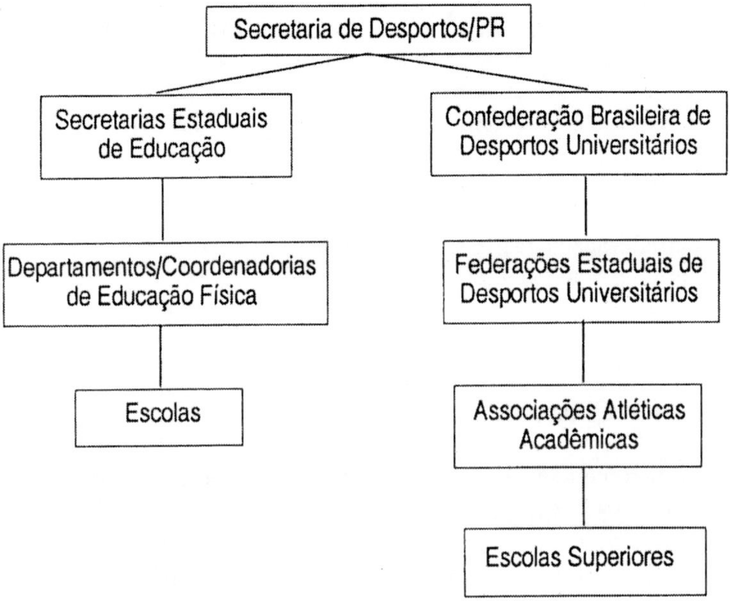

4. Desporto Militar

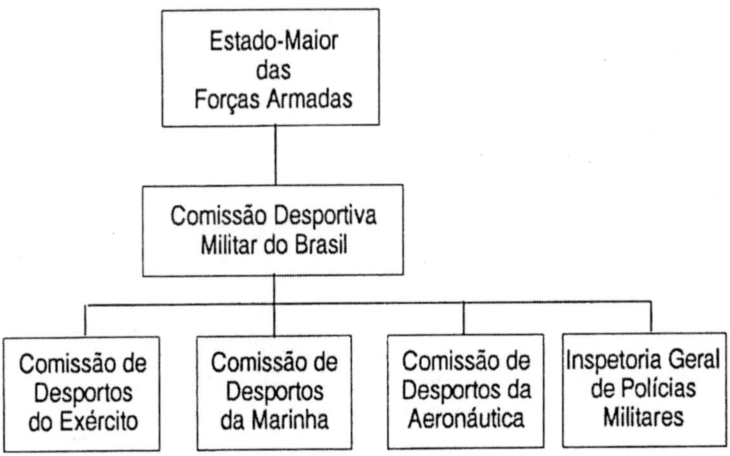

— Confederação Brasileira de Motociclismo,
— Confederação Brasileira de Pára-quedismo,
— Confederação Brasileira de Pesca e Desportos Subaquáticos,
— Confederação Brasileira de Pugilismo,
— Confederação Brasileira de Remo,
— Confederação Brasileira de Tênis,
— Confederação Brasileira de Tênis de Mesa,
— Confederação Brasileira de Tiro ao Alvo,
— Confederação Brasileira de Vela e Motor,
— Confederação Brasileira de Voleibol,
— Confederação Brasileira de Xadrez e
— Confederação Brasileira de Desportos Universitários.

Desporto Classista

A este respeito devemos enfatizar algumas considerações baseadas no Decreto 80.278, que estabelecem o seguinte:

— qualquer empresa poderá organizar uma associação desportiva classista, com personalidade jurídica de direito privado, integrada exclusivamente por seus empregados e dirigentes;

— a entidade terá a denominação de Associação Desportiva Classista, seguida do nome de empresa, na íntegra ou abreviadamente, ou de marca de sua propriedade;

— nos Estados, no Distrito Federal e nos Territórios, a mesma empresa só poderá organizar uma associação desportiva classista;

— os dirigentes, parentes e dependentes dos empregados das empresas poderão ser sócios das respectivas associações desportivas classistas, porém não participarão de competições oficiais representando as referidas entidades;

— extinta por qualquer motivo a empresa, a associação desportiva classista a ela vinculada poderá subsistir, transformando-se em associação desportiva integrante da área de desporto comunitário, mediante adaptação de seus estatutos e filiação a qualquer entidade dirigente do desporto, modificando-se sua denominação;

— as associações desportivas classistas poderão ser agrupadas, em cada Estado, no Distrito Federal e nos Territórios, em a filiação a centros brasileiros de desportos classistas, entidades dirigentes no âmbito nacional;

— as associações desportivas classistas poderão filiar-se às entidades do desporto comunitário e participar de suas competições oficiais, nas condições fixadas pela Secretaria dos Desportos.

Desporto Militar

No meio militar, o órgão máximo é a Comissão Desportiva Militar do Brasil (CDMB), à qual estão vinculadas a Comissão de Desportos do Exército, a Comissão de Desportos da Marinha e a Comissão de Desportos da Aeronáutica.

Criada em 1951, com a denominação de Comissão Desportiva das Forças Armadas, a CDMB tem por objetivo organizar e dirigir as competições desportivas entre as Forças Armadas, visando ao maior espírito de confraternização e à divulgação das práticas desportivas em todo o território nacional, além de constituir as representações nacionais para participar de competições desportivas militares internacionais. A CDMB cabe, também, opinar pelas Forças Armadas em congressos desportivos nacionais e internacionais.

A CDMB é órgão integrante do Estado-Maior das Forças Armadas (EMFA) e, normalmente, tem em seu calendário desportivo competições nacionais de tênis, pára-quedismo, atletismo, natação, judô, orientação, tiro, pentatlo militar e a Navamaer (olimpíada entre cadetes da Marinha, Exército e Aeronáutica). Do mesmo calendário constam competições internacionais e pentatlo naval, orientação, atletismo, pára-quedismo, pentatlo militar, tiro, pentatlo aeronáutico, basquetebol, judô e outros desportos.

A Comissão de Desportos do Exército (CDE), criada em 30 de abril de 1947, com a denominação de Departamento de Desportos do Exército, tem por função planejar, dirigir, coordenar e incentivar a prática dos desportos no Exército; coopera com a CDMB no preparo das equipes militares que vão representar as Forças Armadas brasileiras no exterior.

A Comissão de Desportos da Aeronáutica (CDA) é o órgão central do sistema de educação física e desportos do Ministério da Aeronáutica. Tem por missão assessorar aquela pasta na orientação e fiscalização da instrução de educação física na Força Aérea Brasileira (FAB), de acordo com as diretrizes do Estado-Maior da Aeronáutica, além de promover os desportos militares no âmbito da FAB.

A Comissão de Desportos da Marinha (CDM) é o órgão central das atividades de educação física e desportiva da Marinha, integrante do Sistema Desportivo Nacional, com a finalidade de planejar, dirigir, coordenar e controlar tais atividades.

No campo dos incapacitados físicos, a Associação Nacional de Desportos para Excepcionais é a entidade mais antiga e por isso mesmo de maior representatividade. Conhecida pela sigla de ANDE, reúne os desportistas amputados, paralisados cerebrais e *les autres*, denominação conferida a outras modalidades de incapacitados.

Internacionalmente, a ANDE está filiada à ISOD (Organização Internacional de Esportes para Deficientes-amputados) e à CPISRA (Associação Internacional de Esportes para Paralisados Cerebrais).

Outras entidades da área de incapacitados: Associação Brasileira de Desportos em Cadeira de Rodas (ABRADECAR), Confederação Brasileira de Desportos de Surdos (CBDS), Associação Brasileira de Desportos de Cegos (ABDC) e Associação Brasileira de Desportos de Deficientes Mentais (ABDM).

Justiça Desportiva

A justiça desportiva é exercida pelos seguintes órgãos:

a) Superior Tribunal de Justiça Desportiva de cada confederação e designado abreviadamente por STJD, com uma constituição de sete a onze auditores efetivos e cinco substitutos.

b) Tribunal de Justiça Desportiva de cada federação e designado abreviadamente por TJD, constituindo-se de sete a onze auditores efetivos e cinco substitutos.

c) Junta Disciplinar Desportiva de cada liga, e designada abreviadamente por JDD, é composta de três auditores efetivos e dois substitutos.

Cada confederação de desporto profissional poderá ter um código disciplinar próprio, enquanto as entidades de desportos amadores terão um código único.

Devido à especificidade das modalidades que controla, a Confederação Brasileira de Pugilismo tem um código próprio, situando-se como a única entidade de desporto amador portadora deste privilégio.

Os códigos compreendem as organizações de justiça desportiva e, na parte especial, infrações e penalidades.

A Confederação Brasileira de Futebol, como entidade de desporto profissional, tem seu código disciplinar próprio, cujos órgãos de justiça desportiva são:

I — O Superior Tribunal de Justiça Desportiva (STJD);
II — O Tribunal Especial (TE);
III — Os Tribunais de Justiça Desportiva (TJD);
IV — As Juntas de Justiça Desportiva (JJD).

O Superior Tribunal de Justiça Desportiva (STJD), com jurisdição em todo o território nacional, é composto de nove auditores efetivos, um dos quais indicado pelo órgão de classe dos atletas profissionais de futebol, e três substitutos.

O Tribunal Especial (TE), com jurisdição em todo o território nacional, é constituído de cinco auditores efetivos, um dos quais indicado pelo órgão de classe dos atletas profissionais de futebol, e dois substitutos.

Os Tribunais de Justiça Desportiva (TJD), com jurisdição no território de cada federação, são constituídos de sete a onze auditores efetivos, dois dos quais indicados pelo órgão de classe dos atletas profissionais de futebol e três substitutos.

As Juntas de Justiça Desportiva (JJD), com jurisdição no território das ligas, são constituídas de três a sete auditores efetivos e dois substitutos.

Nos municípios das capitais dos Estados e Territórios, as federações poderão criar Juntas de Justiça Desportiva (JJD), com competência para julgar as questões relativas ao futebol amador, excetuadas as que devam ser obrigatoriamente julgadas pelos tribunais de justiça.

O Superior Tribunal de Justiça Desportiva (STJD) e o Tribunal Especial (TE) são poderes da Confederação Brasileira de Futebol (CBF); os Tribunais de Justiça Desportiva (TJD) e as Juntas de Justiça Desportiva (JJD) das capitais dos Estados e Territórios são poderes das federações e as Juntas de Justiça Desportiva (JJD) são poderes das ligas.

Comitê Olímpico Brasileiro

Fundado em 1935, o Comité Olímpico Brasileiro (COB) é uma sociedade civil, com plena independência e autonomia, totalmente acorde com os ditames da Carta Olímpica e demais regulamentações do Comité Olímpico Internacional.

O COB tem como atribuições:

a) difundir e propagar o ideal olímpico no território brasileiro, empenhando-se na propaganda da educação física, moral e cultural da juventude brasileira, no sentido de fortalecer-lhe o físico e o caráter;

b) lutar para o estreitamento, através do desporto, dos vínculos de união e compreensão entre os povos;

c) colaborar com as entidades nacionais, filiadas às federações internacionais reconhecidas pelo Comitê Olímpico Internacional, na defesa e respeito aos princípios do amadorismo;

d) cumprir e fazer cumprir no território brasileiro o estatuto, os regulamentos e as decisões do Comitê Olímpico Internacional, bem como os de organizações desportivas continentais ou regionais, a que esteja vinculado;

e) organizar e dirigir, com a colaboração das entidades nacionais dirigentes do desporto amador, a participação do Brasil nos Jogos Olímpicos, Pan-Americanos e outros de igual natureza, ou realizá-los, caso o Brasil seja escolhido para sede dos mesmos;

f) promover e organizar todas as manifestações capazes de originar e aperfeiçoar o desporto nacional em relação ao olimpismo;

g) representar o olimpismo brasileiro junto aos poderes públicos;

h) representar o desporto olímpico brasileiro no campo internacional, mantendo relações com os comitês de outros países e com as federações internacionais reconhecidas pelo Comitê Olímpico Internacional;

i) impor penalidades a seus membros na forma de seus estatutos.

São poderes do Comitê Olímpico Brasileiro:

a) a Assembléia Geral;

b) o Presidente;

c) o Conselho Executivo;

d) o Conselho Diretor;

e) o Conselho Fiscal.

A Assembléia Geral é constituída pelos desportistas brasileiros membros do Comité Olímpico Internacional, em número de dois; pelos presidentes das confederações filiadas e pelos seus membros natos, representados pelos desportistas que tenham integrado o COB por mais de vinte anos.

O Conselho Executivo é constituído pelos desportistas brasileiros membros do Comitê Olímpico Internacional; pelos presidentes das confederações filiadas, pelos membros natos e pelos membros eleitos a cada quatro anos, em número não superior ao total de confederações filiadas. Assim, se houver 21 confederações filiadas, só poderão ser eleitos vinte membros, de forma a assegurar que a maioria votante seja sempre representada pelos presidentes das confederações filiadas.

O Conselho Diretor se constitui do presidente, do 1º e do 2º vice, dos brasileiros membros do Comitê Olímpico Internacional, sendo designados, pelo presidente do COB, os diretores dos departamentos financeiro, técnico e jurídico, além do secretário-geral.

O Conselho Fiscal é constituído por três membros efetivos e um suplente, eleitos pela Assembléia Geral, os quais escolhem entre si o seu presidente.

Dispõe ainda o COB, em caráter permanente, das seguintes comissões: Jurídica, Técnica e Médica.

O presidente, o 1º e o 2º vice e os membros do Conselho Fiscal são eleitos pela Assembléia Geral a cada quatro anos, tomando posse sempre em 1º de janeiro do ano seguinte ao da realização dos Jogos Olímpicos.

As confederações dirigentes de desportos integrantes do programa olímpico são filiadas ao COB e as demais entidades nacionais dirigentes de outros desportos são simplesmente vinculadas ao COB.

As filiadas têm direito a voto e as vinculadas podem opinar nas reuniões do Conselho Executivo e da Assembléia Geral, porém, sem direito a voto. O COB é filiado e reconhecido pelo Comitê Olímpico Internacional como a entidade dirigente do desporto olímpico no Brasil, sendo, também, filiado à ODEPA — Organização Desportiva Pan-Americana — e à ODESUR — Organização Desportiva Sul-Americana.

OBS: Além das 33 confederações mencionadas na página 100, estão em fase de criação, dependendo apenas do sinal verde da Secretaria dos Desportos da Presidência da República, as seguintes entidades:

— Confederação Brasileira de Bochas e Bolão,
— Confederação Brasileira de Squash,
— Confederação Brasileira de Tiro com Arco.

ORGANIZAÇÃO DE COMPETIÇÕES

Partindo do princípio de que planejar é a determinação dos objetivos a serem atingidos, com a consequente ordenação dos meios para alcançá-los, podemos dizer que a planificação de uma competição desportiva obedece a um esquema desenvolvido em quatro etapas:

1) Pesquisa: quando são avaliados todos os fatores possíveis de interferir em sua realização.
2) Programação: determinada em função dos resultados anteriores.
3) Execução: quando se cumpre a programação estabelecida.
4) Avaliação: a se desenvolver antes, durante e após a competição.

Entretanto, em termos específicos, o êxito de uma competição vai depender da atenção dada aos seguintes fatores:

1) Recursos financeiros.
2) Fixação dos objetivos a serem atingidos.
3) Natureza da atividade.
4) Recursos humanos necessários.
5) Instalações e material especializados.
6) Períodos e datas para a realização.
7) Registros dos interessados (número de inscrições).

8) Motivação dos participantes (promoções a serem feitas, divulgação).
9) Locais disponíveis (alojamentos, hotéis).
10) Avaliação: uma constante, antes, durante e depois da competição.

A esquematização para organização geral de uma competição poderá obedecer ao seguinte roteiro:

1. *Comissão de Honra:* constituída de figuras destacadas entre os diversos grupos sociais da comunidade.
2. *Comissão Central Organizadora* (CCO): integrada pelos presidentes das diversas comissões e presidida pelo supervisor geral (designado pela entidade promotora), tem como atribuições principais:

— escolher ou sugerir a quem de direito os elementos que constituirão a Comissão de Honra;
— fixar os objetivos da competição;
— organizar o planejamento geral;
— preparar o orçamento-programa geral, submetendo-o, a seguir, à apreciação das autoridades competentes;
— assumir a total responsabilidade da organização;
— obter a aprovação ou permissão para que seja realizada a competição;
— promover, em caráter permanente, a integração das diversas comissões;
— prestar informações e esclarecimentos às autoridades superiores;
— contratar serviços e pessoal necessários ao bom desenvolvimento dos trabalhos;
— supervisionar os trabalhos de todas as comissões;
— organizar o relatório final (avaliação), de acordo com as diversas comissões;
— solucionar todos os casos omissos na organização geral.

3. *Comissão de Administração.*

— Assumir, na qualidade de órgão centralizador das atividades administrativas, todas as responsabilidades que lhe correspondem;
— organizar o respectivo orçamento-programa, submetendo-o, a seguir, à apreciação da CCO;
— planejar suas atividades;
— organizar o cadastro geral;
— redigir e distribuir os convites, ofícios, folhetos etc;
— manter em perfeita ordem a rotina administrativa;
— encaminhar as solicitações, esclarecimentos e informações dirigidos a outros setores da organização geral;
— atender os chefes de delegações ou seus representantes;
— preparar e distribuir os cartões de identificação (participantes, juízes, convidados, imprensa etc);
— organizar o relatório final da parte administrativa.

4. *Comissão Técnica.*

— Organizar o respectivo orçamento-programa, submetendo-o, a seguir, à apreciação da Comissão Central Organizadora;
— assumir, na condição de órgão centralizador das atividades técnicas, todas as atividades que lhe correspondem;
— planejar suas atividades;
— escolher e preparar adequadamente os locais de competição e de treinamento, bem como o material a ser usado: bolas, redes, apitos, discos etc;
— verificar os locais e materiais citados quanto às regras oficiais;
— preparar o pessoal especializado: delegados, juízes, cronometristas etc;
— organizar o programa de competição ou tabela de jogos;
— providenciar para que, no momento oportuno, as instalações e o material técnico estejam em perfeitas condições de uso e à disposição de todos;

— fazer inspeções na iluminação, ventilação, sistema de som, vestiários para os competidores e equipe de arbitragem, sala de massagens, oficina e material para consertos, locais para a imprensa, recinto das autoridades etc;
— proceder a permanentes inspeções nas instalações desportivas destinadas às competições e treinamentos, bem como no material usado nesses locais;
— organizar e promover reuniões técnicas: palestras, reuniões para debates e intercâmbio de material didático etc;
— organizar o relatório da parte técnica.

5. *Comissão de Finanças.*

— Organizar o orçamento-programa geral, a fim de submetê-lo à CCO;
— assumir a responsabilidade de toda a parte financeira;
— apresentar sugestões para o financiamento da competição: subvenções, venda de ingressos, de programas, direitos à televisão, concessões para serviços diversos etc;
— selecionar, orientar e designar pessoal para as bilheterias, portarias;
— administrar e controlar a venda de ingressos e outras rendas;
— atender às solicitações das outras comissões, de acordo com os respectivos orçamentos-programas;
— efetuar os pagamentos que se fizerem necessários;
— apresentar o relatório final (prestação de contas).

6. *Comissão de Divulgação.*

— Organizar o respectivo orçamento-programa, submetendo-o, a seguir, à apreciação da CCO;
— assumir inteira responsabilidade pela publicidade e divulgação da competição;
— preparar as equipes especializadas na elaboração dos

boletins técnico-informativos, junto com a Comissão Técnica;
— organizar os boletins acima referidos e sua competente distribuição;
— providenciar a impressão e distribuição dos programas e cartazes;
— preparar material impresso e fotográfico;
— atender e colaborar com a crônica falada, escrita e televisada;
— preparar o seu relatório.

7. *Comissão de Transportes.*

— Organizar seu orçamento-programa, levando-o à apreciação da CCO;
— planejar e organizar o transporte das delegações, juízes, autoridades, convidados etc, procedentes de outros países, Estados ou cidades;
— obter ou providenciar transportes para os locais de competição, visitas, recepção, treinamento etc;
— organizar e providenciar transportes para convidados, juízes, pessoal de imprensa etc;
— obter serviço de ambulância para permanecer à disposição da Comissão Médico-Hospitalar;
— organizar o respectivo relatório.

8. *Comissão de Recepção e Solenidades.*

— Organizar seu orçamento-programa, a fim de submetê-lo à apreciação da CCO;
— preparar e designar as equipes incumbidas de recepcionar as delegações, autoridades, juízes etc;
— idem, de regresso;
— organizar e promover as solenidades de abertura e encerramento da competição;
— preparar e designar os *attachés* para cada uma das delegações;

— preparar e promover reuniões sociais, cívicas, culturais etc;
— organizar o respectivo relatório.

9. *Comissão de Relações Públicas.*

— Organizar o respectivo orçamento-programa;
— atender, da melhor forma possível, as chefias de delegações, juízes, convidados etc;
— organizar visitas a autoridades e adquirir presentes para obsequiar pessoas indicadas pela CCO;
— escolher e providenciar a confecção de medalhas, troféus, placas etc;
— providenciar a exposição dos prêmios;
— organizar a entrega dos mesmos;
— preparar e distribuir, junto com a Comissão de Hospedagem e Alimentação, listas de endereços dos diversos hotéis, com os preços das respectivas diárias;
— preparar e distribuir, em colaboração com a Comissão de Transportes, plantas e indicações de transportes na cidade;
— preparar e distribuir listas de endereços de todos os locais de alojamentos, dando conhecimento às delegações dos preços dos mesmos;
— organizar e providenciar, em colaboração com a Comissão Médico-Hospitalar, a distribuição de um folheto com todas as informações relativas ao serviço médico-hospitalar (endereços, telefones, locais e horários de atendimento, nomes dos médicos e hospitais);
— organizar o relatório final.

10. *Comissão de Arbitragem.*

— Organizar o respectivo orçamento-programa, a fim de submetê-lo a quem de direito;
— relacionar as equipes de arbitragem e designá-las para as competições com a necessária antecedência;
— promover reuniões de orientação geral;

— solicitar e verificar as condições de todo o material necessário: apitos, súmulas, bandeiras etc;
— constituir um Conselho Arbitral, que terá por finalidade julgar, de acordo com o regulamento da competição, os recursos interpostos pelos participantes;
— organizar o relatório final.

11. *Comissão de Segurança.*

— Recrutar pessoal especializado para atuar na segurança e policiamento dos locais de competição e nos alojamentos;
— promover reuniões com esse pessoal, dando orientação de como agir de acordo com os melhores preceitos de educação e urbanidade.

12. *Comissão de Hospedagem e Alimentação.*

— Organizar o seu orçamento-programa, a fim de submetê-lo à apreciação da CCO;
— assumir inteira responsabilidade pela hospedagem e alimentação.
— *Quando em hotéis:*
— Coleta de preços, inspeção das instalações, reservas, preparo dos contratos, providências relativas às adaptações ou consertos necessários, escolha da alimentação: tipos, horários, dietas especiais etc;
— distribuir acomodações para as delegações, autoridades, juízes, convidados etc.
— *Quando em alojamento:*
— Escolher os locais disponíveis;
— inspecionar as instalações e relacionar as adaptações ou consertos necessários;
— designar o pessoal indispensável para o bom andamento dos trabalhos (direção e manutenção — serviços de água, luz, lavanderia etc);
— organizar o regulamento disciplinar;

— fazer minucioso estudo sobre a alimentação a ser servida (no mesmo local ou em outros; providências decorrentes);
— distribuir as acomodações;
— organizar o respectivo relatório.

13. *Comissão Médico-Hospitalar.*

— Organizar o respectivo orçamento-programa, afim de levá-lo à apreciação da CCO;
— assumir inteira responsabilidade pela parte de atendimento médico-hospitalar para todos os integrantes das delegações, juízes, autoridades etc;
— colaborar com a Comissão de Alojamento e Alimentação, estabelecendo regimes dietéticos;
— selecionar e obter o pessoal necessário: médico (várias especialidades), enfermeiros, massagistas etc;
— obter colaboração e reservas em hospitais, prontos-socorros etc;
— determinar regulamento e horário de consultas;
— obter ou providenciar a aquisição de material e medicamento necessário;
— organizar plantões para atendimentos de emergência (24 horas) e nos locais de treinamento, competições etc;
— organizar o relatório final.

Abertura e Encerramento

Para montarmos um cerimonial de abertura de uma competição podemos estabelecer o seguinte roteiro:

1 — Desfile das delegações, por ordem alfabética, com o país anfitrião por último;
2 — Dispositivo pronto: as delegações tomam seus lugares, com os condutores das plaquetas que levam os nomes dos países (ou instituições) à frente do contingente de

atletas e dirigentes; entre estes e a plaqueta estará o porta-bandeira (a mesma disposição é válida para o desfile);

3 — Hasteamento da Bandeira Nacional e dos países (ou instituições) participantes;
4 — Canto do Hino Nacional;
5 — Chegada da tocha olímpica;
6 — Acende-se a pira olímpica;
7 — Juramento do atleta;
8 — Declaração de abertura da competição pela maior autoridade presente;
9 — Demonstrações atléticas e artísticas previstas — jogos, danças folclóricas etc;
10 — Saída das delegações por ordem alfabética.

O cerimonial de encerramento pode ser assim esquematizado:

1 — Desfile das delegações, por ordem alfabética;
2 — Dispositivo pronto, à semelhança do cerimonial de abertura;
3 — Procede-se ao ato de apagar a pira olímpica pelo atleta mais laureado da competição;
4 — Canto do Hino Nacional, acompanhado do arriamento da bandeira do país anfitrião e dos demais participantes;
5 — Encerramento da competição, mediante declaração proferida pela maior autoridade presente;
6 — Confraternização geral entre os participantes da competição, que, após, se retiram sem qualquer formalismo.

ANEXO

Na redação da Constituição da República Federativa do Brasil, ocorrida em 1988, merecem citação especial alguns dispositivos direta ou indiretamente vinculados ao desporto.

No Título II, dos Direitos e Garantias Fundamentais, o Capítulo I, referente aos Direitos e Deveres Individuais Coletivos, em seu artigo 5º, incisos XVII, XVIII, XIX, XX, XXI, XXVIII, LV e LX, faz referências às associações e respectivos associados, com aplicabilidade aos clubes desportivos e atletas profissionais, destacando-se também uma abordagem jurídica:

XVII — é plena a liberdade de associação para fins lícitos, vedada a de caráter paramilitar;

XVIII — a criação de associações e, na forma da lei, a de cooperativas independem de autorização, sendo vedada a interferência estatal em seu funcionamento;

XIX — as associações só poderão ser compulsoriamente dissolvidas ou ter suas atividades suspensas por decisão judicial, exigindo-se, no primeiro caso, o trânsito em julgado;

XX — ninguém poderá ser compelido a associar-se ou permanecer associado;

XXI — as entidades associativas, quando expressamente autorizadas, têm legitimidade para representar seus filiados judicial ou extrajudicialmente;

XXVIII — são assegurados, nos termos da lei:

a) a proteção às participações individuais em obras coletivas e à reprodução da imagem e voz humanas, inclusive nas atividades desportivas;

LV — aos litigantes, em processo judicial ou administrativo, e aos acusados em geral são assegurados o contraditório e ampla defesa, com os meios e recursos a ela inerentes;

LX — a lei só poderá restringir a publicidade dos atos processuais quando a defesa da intimidade ou o interesse social o exigirem.

O Capítulo II, dos Direitos Sociais, em seu artigo 7º, inciso XXXIII, regula o seguinte: "proibição de trabalho noturno, perigoso ou insalubre aos menores de dezoito e de qualquer trabalho a menores de quatorze anos, salvo na condição de aprendiz".

O Título III, da Organização do Estado, Capítulo II, da União, no artigo 24, estabelece o seguinte:

> Compete à União, aos Estados e ao Distrito Federal legislar concorrentemente sobre:
> I — direito tributário, financeiro, penitenciário, econômico e urbanístico;
> II — orçamento;
> III — juntas comerciais;
> IV — custos dos serviços forenses;
> V — produção e consumo;
> VI — florestas, caça, pesca, fauna, conservação da natureza, defesa do solo e dos recursos naturais, proteção do meio ambiente e controle da poluição;
> VII — proteção ao patrimônio histórico, cultural, turístico e paisagístico;
> VIII — responsabilidade por dano ao meio ambiente, ao consumidor, a bens e direitos de valor artístico, estético, histórico, turístico e paisagístico;
> IX — educação, cultura, ensino e desporto;
> X — criação, funcionamento e processo do juizado de pequenas causas;
> XI — procedimentos em matéria processual;
> XII — previdência social, proteção e defesa da saúde;
> XIII — assistência jurídica e defensoria pública;
> XIV — proteção e integração social das pessoas portadoras de deficiência;
> XV — proteção à infância e à juventude;
> XVI — organização, garantias, direitos e deveres das polícias civis.
> § 1º No âmbito da legislação concorrente, a competência da União limitar-se-á a estabelecer normas gerais.
> § 2º A competência da União para legislar sobre normas gerais não exclui a competência suplementar dos Estados.
> § 3º Inexistindo lei federal sobre normas gerais, os Estados exercerão a competência legislativa plena, para atender a suas peculiaridades.
> § 4º A superveniência de lei federal sobre normas gerais suspende a eficácia da lei estadual, no que lhe for contrário.

O Título VIII, da Ordem Social, Capítulo III, da Educação, da Cultura e do Desporto, Seção III, do Desporto, no artigo 217, tem a seguinte redação:

> É dever do Estado fomentar práticas desportivas formais e não-formais como direito de cada um, observados:
>
> I — a autonomia das entidades desportivas dirigentes e associações, quanto à sua organização e funcionamento;

II — a destinação de recursos públicos para a promoção prioritária do desporto educacional e, em casos específicos, para a do desporto de alto rendimento;

III — o tratamento diferenciado para o desporto profissional e o não-profissional;

IV — a proteção e o incentivo às manifestações desportivas de criação nacional.

§ 1º O Poder Judiciário só admitirá ações relativas à disciplina e às competições desportivas após esgotarem-se as instâncias da justiça desportiva, regulada em lei.

§ 2º A justiça desportiva terá o prazo máximo de sessenta dias, contados da instauração do processo, para proferir decisão final.

§ 3º O Poder Público incentivará o lazer, como forma de promoção social

BIBLIOGRAFIA

AUGUSTIN MARTINEZ, J. *Tratamiento del Delito Deportivo. Revista Penal.* Cuba, 1931.

CAPINUSSÚ, José Maurício. *Teoria Organizacional da Educação Física e Desporto.* SP, Ibrasa, 1979.

Constituição. República Federativa do Brasil. Edição Especial de *Isto É/Senhor.* Co-Edição FJB, V- edição. SP/RJ, 1988.

DEL VECCHIO, Giuseppe. *La Criminalitá Negli Sports.* Turim, 1927.

PINHEIRO, Hésio Fernandes. *Organização e Reorganização de Serviços.* 5º edição. RJ, Atlas, 1967.

GARRAUD, P. *Les Sports et le Droit Penal. Revue Internationale de Droit Penal.* Paris, 1924.

HUGHES, William; FRENCH, Esther. *The Administration of Physical Education.* New York, The Ronald Press Co., 1955.

JIMENEZ, Asúa L. *Los Deportes ante el Derecho Penal. La Libertad.* Madrid, diciembre 1926.

JUCIUS, Michael; SCHLENDER, William E. *Introdução à Administração.* RJ, Atlas, 1959.

LOEN, Raymond O. *Administração Eficaz.* RJ, Zahar Editores, 1979.

MANUAL DOS ESPORTES. SP, Editora Três, 1977.

MAYER, Otto. *Através de los Aros Olímpicos.* Servicio de Divulgación Técnica Deportiva. Comitê Olímpica Español. Madrid, 1962.

PENNA MARINHO, Inezil. *Desportos.* SP, Cia. Brasil Editora, 1954.

PEREDA, J. *Las Lesiones dei Boxeo en su Aspecto Jurídico. Revista Razon y Fe.* Madrid, janeiro 1928.

PEREIRA DA COSTA, Lamartine. *Noções de Administração para Profissionais da Educação Física e dos Desportos.* MEC/DED. Departamento de Documentação e Divulgação. Brasília, 1979.

PLANELLES, Arturo Majada. *El Problema Penal de la Muerte y Las Lesiones Deportivas.* Barcelona, Casa Editorial Bosch, 1949.

SALOMÃO, Luiz Carlos. Esportes: *Afeto ou Agressão?*. SP, Proton, 1987.

TEIXEIRA, Octávio. *Educação Física e Desportos. Administração.* MEC/Secretaria de Educação Física e Desportos. Brasília, 1985.

VALSECCHI, W. L' *Omicidio e la Lesione Personale nei Giuochi Sportivi a Fornia di Combattimento. Rivista Penal.* Roma, 1930.

Biblioteca "EDUCAÇÃO FÍSICA E DESPORTOS" - 18

Volumes Publicados:

1. *Aulas de Educação Física*	Hudson Teixeira e M. G. Pini
2. *Metodologia Científica do Treinamento Desportivo*	M. J. Gomes Tubino
3. *As Qualidades Físicas na Educação Física e Desportos*	M. J. Gomes Tubino
4. *Teoria Organizacional da Educação Física e Desportos*	J. M. Capinussú
5. *Em Busca de uma Tecnologia Educacional Para as Escolas de Educação Física*	M. J. Gomes Tubino
6. *Os Exercícios Físicos na História e na Arte*	Jayr Jordão Ramos
7. *Ginástica Rítmica Desportiva*	Ester de A. Vieira
8. *Terminologia Aplicada à Educação Física*	M. J. Gomes Tubino
9. *Planejamento Macro em Educação Física*	J. M. Capinussú
10. *Prática da Educação Física no 1º Grau*	Vera Lúcia M. Costa
11. *Esporte Para Todos - Um Discurso Ideológico*	Kátia Brandão Cavalcanti
12. *Competições Desportivas - Organizações e Esquema*	J. M. Capinussú
13. *Teoria Geral do Esporte*	M. J. Gomes Tubino
14. *Psicomotricidade, Educação Física e Jogos Infantis*	Alexandre Moraes Mello
15. *Repensando o Esporte Brasileiro*	M. J. Gomes Tubino
16. *Administração e Marketing em Academias*	J. M. Capinussú
17. *Esporte, Educação Física e Constituição*	M. J. Gomes Tubino